La Revolución

de la

Felicidad

La Revolución
de la
Felicidad

5 Razones para retomar
el control de tu vida

Un libro de Diego Alejandro Martínez Puerto

Conéctate Coaching
Bogotá, Colombia
2016

www.revoluciondelafelicidad.com
www.conectatecoaching.com

Diego Alejandro Martínez Puerto
La Revolución de la Felicidad
Conéctate Coaching
Calle 98 A # 49-48
Bogotá D.C., Colombia
164 p. ; 21 cm.
ISBN: 978-958-46-8292-5

Ninguna de las sugerencias o enseñanzas aquí mencionadas reemplaza la consulta con un profesional de la salud física o mental debidamente facultado. Tampoco es una alternativa para un tratamiento profesional. Este libro no pretende tratar, diagnosticar o prescribir. La realización de los ejercicios propuestos en este libro será bajo su total discreción y autonomía. Los resultados acá mostrados fueron conseguidos por personas reales; sin embargo, los resultados individuales dependen de los antecedentes, motivación, dedicación y compromiso de cada persona.

Corrección, José Edgar Martínez
Diseño de cubierta, Diego Alejandro Martínez
Diseño Interior, Diego Alejandro Martínez

ISBN 978-958-46-8292-5

" La felicidad es cuando lo que piensas, lo que dices y lo que haces están en armonía"

- Mahatma Gandhi

PRÓLOGO

¡Hola! Antes que nada quiero agradecerte por tomar parte de tu tiempo para leer este libro... ¡Lo hice con mucho cariño!

En nuestra sociedad existe un paradigma (muy arraigado, por cierto), que dice que sólo seremos felices si tenemos ciertas cosas o si logramos otras; en pocas palabras, nos enseñaron que la felicidad es un resultado, algo que obtenemos como recompensa a nuestras acciones. Pero, ¿sabes algo?, me he dado cuenta que esa premisa no tiene porque ser cierta. Es más, con el paso del tiempo he notado y corroborado que *la felicidad no es un resultado, sino una decisión*. La felicidad es una emoción que nos puede acompañar durante el camino, en vez de esperarnos al final. Si decidimos ser felices, todo nuestro mundo va a cambiar. De ahí me surgió la idea de iniciar una revolución positiva, algo que nos ayudara a modificar nuestro paradigma con relación a la felicidad y que nos permitiera disfrutar realmente nuestra vida. Así fue como nació este libro: *"La Revolución de la Felicidad"*.

La idea de escribir un libro me venía acompañando desde hacía varios años, pero sólo fue hasta finales de 2014 que decidí iniciar este proyecto.

Este libro nació como un proceso de liberación y aprendizaje personal. En él, busco plasmar las principales ideas que tengo con relación a la vida, los sueños, nuestro propósito en este mundo y cómo sacar lo mejor de nosotros mismos. Toda la información que encontrarás en las siguientes páginas corresponde a las cosas e ideas que he ido aprendiendo a lo largo de mi vida, así como a pequeñas historias de personas que, como tú o yo, se enfrentan a diferentes dificultades y han logrado salir adelante.

Cada una de las historias y de los conceptos contenidos en este libro corresponden a mi forma particular de ver la vida, la cual me ha traído grandes niveles de felicidad y satisfacción personal. También encontrarás una serie de ejercicios para que pongas en práctica lo que vas leyendo.

Este libro está pensado como herramienta de sensibilización frente a cómo a partir de nuestras creencias, pensamientos, decisiones y acciones vamos forjando nuestro propio destino. Para sacar el máximo provecho léelo despacio, realiza los diferentes ejercicios propuestos e interioriza los conceptos que creas que te pueden ayudar en tu camino. A medida que lo vayas leyendo, seguramente surgirán cosas que ya sabías o que ya conocías; sin embargo, aprovecha esta oportunidad para reforzar esos conceptos y evaluar si realmente los estás aplicando.

Debido al alcance con el que imaginé el libro, no está pensado como herramienta científica; sin embargo, muchos de los conceptos acá tratados tienen sustento real en diferentes estudios, trabajos y obras realizadas por filósofos, psicólogos, antropólogos y líderes espirituales alrededor del mundo.

Todas las historias que te comparto en el libro son reales y están para ilustrar los cambios extraordinarios que pueden alcanzar las personas si se comprometen a conseguirlos. Tus resultados dependen únicamente de ti y eres tú quien determinará cómo será tu vida a partir de este momento.

Finalmente quiero aprovechar para dar las gracias a todas aquellas personas que me han acompañado a lo largo de mi vida, porque han hecho parte de mi camino de aprendizaje en este mundo.

Ahora sí, sin más preámbulos, te presento a continuación las cinco razones sobre las cuales se sustenta *"La Revolución de la Felicidad"*. Espero de todo corazón que este libro te ayude en el proceso de búsqueda y aprendizaje en el que te encuentras.

Un abrazo,

Diego Alejandro Martínez Puerto

RAZÓN 1:
DALE UN SENTIDO A TU VIDA

" *Aquí hay una carta para todo el mundo...*
Ábrela... Dice: VIVE "

- Rumi

Martes 26 de abril de 1983. Clínica Palermo, Bogotá, Colombia. Ahí comienza mi historia. A eso de las 9:45 de la mañana inicié mi camino en este mundo. En ese momento era imposible saber todo lo que me depararía la vida; sin embargo, de algo sí estaba seguro: había empezado a transitar un camino, mi camino.

Hay personas que tienen la capacidad de recordar, incluso con gran nivel de detalle, eventos y situaciones de sus primeros años de vida... Ese no es mi caso. Cuando trato de acordarme de mis primeros meses, o incluso de mis primeros años en este mundo, me llegan a la mente recuerdos fugaces y pequeños chispazos, pero para ser sincero, la mayoría de "recuerdos" de esos años los tengo gracias a las fotos o a las historias de mi familia (lo irónico del asunto es que no me gusta que me tomen fotos – algo que fácilmente podría corroborar cualquier persona que me conozca; sin embargo es gracias a las fotos que puedo "recordar" mi infancia).

Mis primeros años transcurrieron de manera "normal": aprendí a hablar, a caminar, jugué, reí, lloré... Durante esa época (*supongo*) mi principal preocupación y objetivo era descubrir el mundo, jugar, comer y dormir (*pensándolo bien no ha cambiado mucho eso, pero más adelante profundizaré un poco más en ese tema*). Tuve uno que otro episodio de susto para mis papás (me enfermé un par de veces y me les escondí entre la ropa de una tienda un día de compras, entre otras cosas), pero en términos generales creo que tuve unos primeros años bastante tranquilos.

Cuando tenía más o menos 5 años, mi papá comenzó a tomar clases de organeta (teclado). Esa época marcaría mi primer gran encuentro con el mundo musical. Me gustaba escuchar lo que él iba aprendiendo y luego me sentaba a replicar lo que él había tocado. Durante casi un año me dediqué a aprender canciones por mi cuenta, mirando lo que hacían en clase y, cuando estaba en Transición en el colegio, di mi primer "concierto" frente a mis compañeritos de preescolar. A partir de ese momento, la música me ha acompañado y ha sido protagonista en muchas de las etapas de mi vida.

Desde pequeño fui muy curioso y me gustaba buscar las explicaciones de cómo funcionaban las cosas. Tan pronto aprendí a leer me puse en la tarea de "devorar" cuanto libro o revista se me cruzaran. Mis temas favoritos eran arqueología, astronomía, paleontología y biología, por lo tanto, cada vez que íbamos de visita a donde algún familiar, buscaba las enciclopedias y libros que tuvieran sobre esos temas y me sentaba a leer. Mis papás nos regalaron a mi hermana y a mí una pequeña enciclopedia para niños que se llamaba "El Gran Libro de Preguntas y Respuestas de Carlitos"; ¡Me encantaban esos libros! Tenían respuestas a muchas preguntas sobre todos los temas posibles. Fue mi primer "Google" (cada vez que quería saber sobre algo, ahí encontraba la respuesta). Gracias a mi espíritu "inquieto" y a mis ganas de absorber como una esponja toda la información que pudiera, desarrollé una buena memoria, la cual me fue muy útil durante mis años escolares.

Durante el colegio fui de los niños juiciosos del salón. Como te podrás imaginar me hicieron "bullying" una que otra vez, incluyendo algunos episodios poco "ortodoxos" (me pusieron chinches en la silla, me botaron por las escaleras, me fracturaron el radio del antebrazo izquierdo girándome la mano, etc.). A pesar de vivir ese tipo de situaciones, durante el colegio (como dicen por estos lados) "la tenía clara": *me gustaba aprender*, entonces no dejaba que los apodos, insultos, comentarios o agresiones, me desviaran de mi objetivo.

Cuando iba a terminar el colegio me enfrenté a lo que ahora llamo *"la etapa de la incoherencia"*: con 17 años soy menor de edad y por lo tanto no soy lo suficientemente responsable como para votar, salir de rumba, beber, etc.; sin embargo, sí debo ser lo suficientemente responsable como para tomar la decisión más importante de mi vida – *¿Qué carrera estudiar?*. Me resulta un poco incoherente (de ahí el nombre que le puse) que se nos pida a esa edad tomar una decisión que va a determinar el rumbo del resto de nuestras vidas, sin contar con las herramientas adecuadas para hacerlo. Haciendo un pequeño paréntesis en mi historia, cuando un adolescente toma una decisión de carrera sin basarse en sus talentos y en lo que lo apasiona, tarde o temprano terminará siendo un profesional frustrado, aumentando significativamente la probabilidad de sufrir de las crisis de los 25, 30, 40, 50 años… La mejor manera para evitar convertirse en un profesional frustrado y arrepentido de su decisión de vida, es tomar esta decisión basándonos en lo que nos apasiona y nos llena. Existen muchas formas de apoyo para esta etapa de los jóvenes (orientación profesional, coaching, estudios de mercado laboral, voz a voz, etc.), sin embargo unas son más efectivas que otras.

Volviendo a la historia, en ese momento tuve que tomar la decisión de qué estudiar, ¡y la verdad no podía estar más perdido!. De hecho, si alguien mira el Anuario de mi promoción del colegio (2000) se darán cuenta que puse una carrera diferente a la que terminé estudiando.

Finalmente me decidí por estudiar Ingeniería Eléctrica, debido a las posibilidades de trabajar fuera del país que me había ofrecido un familiar, una vez finalizara la carrera. Cuando entré a la universidad sentí algo extraño, como si algo me faltara. Había dejado de ser ese referente académico que había sido en el colegio y tenía que volver a empezar de cero. En primer semestre sufrí de mi primera *"pérdida de identidad"*: deje de "ser" estudiante de colegio, con todo lo que significaba para mí esa zona de confort, para pasar a "ser" algo nuevo, desconocido. Me enfrenté a nuevos retos, nuevos escenarios, buscando de alguna manera llenar ese vacío que se había generado en mi. Y dado que la carrera la elegí por conveniencia más que por convicción, no me sentía completamente a gusto con lo que estaba haciendo.

Cuando iba en el tercer año de la carrera comencé a cursar doble programa con Música. Durante esos semestres sentía que de alguna manera había recuperado la pasión que había tenido durante mis años de colegio, y comencé a disfrutar un poco más la universidad. Mentalmente (y académicamente) me funcionó muy bien el estudiar ambas carreras al tiempo, ya que una me exigía usar mi parte analítica y la otra me permitía explotar mi parte creativa. Así seguí durante los 5 años que duró la carrera, sabiendo que, aunque la Ingeniería Eléctrica no fuera algo que me apasionara, por lo menos tenía la certeza de contar con un trabajo casi fijo apenas me graduara.

Luego de graduarme de la universidad recibí la noticia que no quería escuchar: para poder ir a trabajar afuera debía primero pasar varios años trabajando acá y adquiriendo experiencia laboral. Ahí me cambió completamente el panorama. Procedí a buscar trabajo y, afortunadamente, pude conseguir uno pronto. Comencé a trabajar en una firma consultora de ingenieros, con todo el ímpetu y ánimo que tiene uno cuando está empezando algo nuevo. Si alguien me preguntaba sobre mi trabajo, le respondía con gran emoción contándole todas las cosas nuevas que estaba aprendiendo. Disfruté por un tiempo esa nueva etapa de mi vida y pensé que las personas que decían que el mundo laboral es completamente diferente a la etapa universitaria tenían muchísima razón. Sin embargo, con el paso de los días, todo ese espíritu e ímpetu empezaron a decaer: las cosas que antes me emocionaban ahora me parecían rutinarias y aburridas; lo que inicialmente me llenó de intriga y expectativas ahora se había vuelto supremamente monótono y predecible. Al cabo de unos meses me di cuenta que ese no era el camino que quería para mi y, si ese era el requisito para poder trabajar fuera del país, claramente no me interesaba más ese destino. Esa fue la primera y única vez que trabajé como Ingeniero Eléctrico.

A partir de ese instante tuve varias experiencias laborales en diferentes sectores de la economía: trabajé como

Analista en un Programa del Gobierno Colombiano, tuve una carrera como solista (músico), fui director de audio de una productora de audio y video, hice trabajos de composición musical para proyectos empresariales y personales, trabajé en el área de compras en una empresa de retail, e incluso tuve una corta experiencia como entrenador de fútbol para niños y jóvenes.

En cada una de las experiencias laborales que tuve, se repitió el mismo ciclo: iniciaba con gran ánimo y lleno de energía y, al cabo de un tiempo, me sentía asfixiado, estancado y dispuesto a darle un giro a mi vida y a encontrar algo que me llenara, que le diera un nuevo sentido a mi existencia. Las noches, en vez de ser mi momento de descanso y relajación, se fueron convirtiendo lentamente en una tortura... Pasaba en vela hasta altas horas, intentando encontrar una razón a lo que estaba haciendo y, a medida que indagaba más y más profundo, uniendo puntos o buscando justificaciones para lo que estaba viviendo, me iba consumiendo la angustia de sentirme impotente, de no poder hallar las respuestas que necesitaba. El hecho de no poder encontrar esas respuestas me hacía sentir muy frustrado, a tal punto que llegaba a descalificarme como persona: *"Si seré bobo... No pues, tan trascendental... ¿No que me las sé todas?... Si realmente fuera inteligente, no me costaría responder ese tipo de preguntas..."*, etc., etc.... Pero el momento más complicado llegaba cuando aparecían unas preguntas en particular en mi cabeza, dejándome completamente desolado y sumido en un ambiente de negatividad y pesimismo: "¿Cuál es mi razón para estar en este mundo? ¿Cuál es mi propósito?"

Tan pronto llegan esas preguntas a la vida de uno, nada vuelve a ser como antes. Empezamos a cuestionar todo, las cosas que antes nos parecían divertidas ahora empiezan a parecer triviales y vacías, y, gracias a la tendencia cultural que tenemos a enfocarnos en lo negativo (*hablaremos sobre este tema más adelante*), empezamos a caer lentamente en un estado depresivo. En este punto hay dos caminos: o volvemos a "*dormirnos*" para callar a nuestra mente – *por "dormirnos" me refiero a entrar nuevamente en nuestra rutina y en nuestra zona de confort (independientemente de cuál sea ésta), sumiéndonos en los quehaceres diarios y volviendo a ser de esas personas que sólo reaccionan frente a lo que les "depare el destino"*; ó buscamos, de alguna manera, una respuesta a esas preguntas.

Si optamos por el primer camino es altamente probable que al cabo de unos días nos sintamos mejor; sin embargo, también es altamente probable que nuestra mente vuelva a enviarnos ese tipo de preguntas más adelante. De acuerdo con mi experiencia, elegir la opción de "dormirse" nuevamente es similar a poner "pausa" en la alarma para despertarnos: podemos dormir otros cinco minuticos, pero tarde o temprano esa alarma va a volver a sonar.

Si escogemos el segundo camino (buscar las respuestas a esas preguntas), - *en mi caso personal luego de haber apretado muchas veces el botón de "pausa"*, nos encontraríamos ad portas de un momento crucial y determinante de nuestras vidas: si hallamos la respuesta a la pregunta de "¿Cuál es mi razón para estar en este mundo?", automáticamente nos sentiríamos llenos de una fuerza imparable, comprendiendo hasta el más mínimo detalle del por qué nos pasan las cosas que nos pasan, por qué nos gustan las cosas que nos gustan y cuál es el sentido de nuestra vida.

A partir del momento en el que decidí buscar las respuestas a esas preguntas que me seguían día y noche (sobretodo noche), comencé a leer libros, artículos, blogs, ver vídeos y todo lo que de alguna manera me pudiera dar un poco de claridad sobre el tema.

Luego de pasar mucho tiempo investigando por mi cuenta, - y todavía sin obtener eso que estaba buscando, decidí preguntarle a Google. Me sorprendió (y en cierta medida tranquilizó) un poco el hecho de que el buscador completara mi pregunta antes de terminarla: "¿Cuál es mi misión en este mundo?"... quería decir que, a pesar de sentirme "solo", no estaba ni solo ni loco... había muchísima más gente en ese mismo camino, buscando un sentido para sus vidas. Al presionar la tecla Enter, siendo completamente honesto, me sentí decepcionado; esperaba una respuesta transformadora, un momento casi sublime en donde se escuchara un coro celestial de fondo, pero en cambio recibí ¡más de 100 millones de resultados!. La tarea de poder descifrar cuál debía ser "mi respuesta" iba a ser titánica. Pasé mis ojos rápidamente por los primeros 10 pantallazos de resultados y, para mi sorpresa, hubo una palabra en particular que comenzó a resaltar: coaching.

En varias de las empresas en las cuales trabajé, los gerentes, en su afán de mejorar el ambiente laboral y aumentar la productividad, contrataron "coaches" para que trabajaran con los empleados. Personalmente, creo que esas experiencias me marcaron, pero no de la manera que mi jefes respectivos hubieran querido; una de las cosas que me ha caracterizado a lo largo de mi vida es tener una buena intuición para saber de antemano el resultado de algo antes que suceda. Me explico: si me hacían una entrevista laboral era mucho más probable que respondiera algo que mi entrevistador quisiera escuchar. Dicho esto, esas experiencias con "coaches" no fueron lo que esperaba: se limitaron a hacer presentaciones en PowerPoint en donde nos hablaron de cosas como Liderazgo, Comunicación, Responsabilidad, etc., y nos pusieron a hacer algunas actividades grupales. Más adelante en mi camino me daría cuenta que ese proceso que ellos hicieron con nosotros no fue *coaching* propiamente dicho.

Cuando en mi búsqueda de Google empezó a salirme la palabra *coaching* en la mayoría de resultados, sentí un sinsabor por lo que te acabo de contar. Esperaba una respuesta trascendental y me salió *eso. – Será darle una oportunidad a eso del coaching*, pensé, ya que leía historias y testimonios de personas a quienes el *coaching* les había cambiado la vida. Dado que desde pequeño tuve como lema de vida "ver para creer", me puse en la tarea de buscar un sitio en el cual pudiera experimentar de primera mano el *coaching*, para de esta manera ver si sí era lo que estaba buscando o no.

Luego de varios días de buscar, indagar, cotizar, etc., encontré un lugar con el que sentí una conexión. En la descripción de su sitio hablaban de cómo uno muchas veces se encuentra perdido, sin tener un norte claro ni saber qué hacer (*me sonaba un poco familiar eso*), y de cómo las respuestas no las debíamos buscar afuera, sino que debían venir de nosotros mismos, de conectarnos con nuestra fuente infinita de sabiduría – nuestra esencia.

Con el escepticismo que me caracterizaba emprendí este nuevo viaje, sin saber que me estaba dirigiendo a uno de los momentos más importantes de mi vida.

Luego de hacer a conciencia todos los ejercicios que me pusieron, intentando intuir cual iba a ser el resultado, me di cuenta del gran poder que tenía el proceso que acababa de terminar; por primera vez en mi vida entendí el por qué tengo los talentos que tengo, el por qué me gustan las cosas que me gustan y, lo más importante de todo, mi vida empezó a tener un sentido. En ese instante logré unir todos los puntos que tenía sueltos y mi vida adquirió un nuevo significado.

HACER – TENER – SER / SER – TENER – HACER

En nuestra cultura occidental tenemos un modelo de vida impuesto, el cual se nos refuerza constantemente a través de diferentes medios. Es posible que te sientas familiarizado con el siguiente concepto: en la vida uno debe estudiar, prepararse, trabajar, para luego tener dinero, comprar una casa, tener una familia y, de esta manera, llegar a ser feliz… ¿Te suena?… Básicamente es el modelo que rige nuestras vidas, en el cual se nos dice que nuestro camino a la felicidad viene en tres etapas: primero debemos *hacer* una serie de cosas (estudiar, prepararnos, trabajar etc.), gracias a las cuales podremos *tener* lo que buscamos (dinero, una familia, una casa, un carro, etc.) y así lograremos *ser* felices. Si por algún motivo dejamos de sentirnos felices, simplemente iniciamos de nuevo el ciclo.

Este modelo es la base de nuestra sociedad de consumo, ya que estamos esperando que las cosas que tenemos sean las que nos den la felicidad. Ojo, no estoy diciendo que sea malo tener cosas lindas, ni que sea malo darse gustos; simplemente nuestra felicidad no debería depender de nuestras posesiones, sino debería ser independientemente de ellas.

Basado en mi experiencia de vida y en todas las cosas que había leído hasta ese momento, me puse a pensar en qué pasaría si el modelo de nuestras vidas fuera en sentido contrario; si en vez de ser *"hacer, tener, ser"* fuera *"ser, tener, hacer"*. Quiero que te tomes un momento e imagines qué tan diferente sería tu vida, si tu primer paso fuera *"ser"*... ¿Cambiaría mucho? ¿Sería muy distinta?

Si nuestra primera etapa es *"SER"* implica que nuestro primer paso es conectarnos con nuestra esencia, con nuestra fuente infinita de sabiduría. Pero, ¿qué es eso?

Independientemente de tu creencia religiosa o del camino espiritual que decidiste seguir, es muy probable que hayas tenido algún momento en tu vida en el cual necesitaste una respuesta o un consejo. Tal vez no sabías qué camino debías tomar, o tal vez tenías dudas sobre iniciar un negocio o no... No importa cuál haya sido tu caso, en ese momento de duda e incertidumbre preguntaste "¿ahora qué hago?", esperando que te llegara "mágicamente" la respuesta. En algunas ocasiones la respuesta te llegaba y, cuando eso sucedía, sentías de corazón que "eso" era lo que debías hacer, que era lo "correcto"; sin embargo, también había ocasiones en que no obtenías ningún tipo de respuesta; entonces recurrías a tus amigos y conocidos en busca de un consejo y, aunque ellos te dieran cualquier cantidad abarcando todo tipo de posibilidades – e incluso así sonaran lógicos muchos de ellos, no sentías la misma satisfacción que cuando se te ocurrían a ti, o simplemente no los seguías.

Cuando la solución viene de ti y, cuando esa solución te reafirma como persona y sientes ese "click" en tu interior, quiere decir que te estás alineando con tu esencia, con tu verdadero "ser". A partir de ese momento, ves cómo todo lo que te propones empieza a fluir y, sin importar lo que suceda a tu alrededor, experimentas una inyección de energía que te vuelve "imparable". Es en esos instantes de tu vida en donde sientes que nada es imposible y que, sin importar la dificultad inicial del problema o reto al que te estés enfrentando, la solución aparece sin ningún tipo de esfuerzo o contratiempo frente a tus ojos. Cuando estás alineado con tu verdadero "SER", te llenas de energía y pensamientos positivos, los cuales te hacen sentir muy bien contigo mismo y con los demás.

Luego de alinearnos con nuestro verdadero "SER", la segunda etapa de nuestro modelo sería "TENER". Pero, ¿qué tienes tú? Dado que nuestro camino es "SER – TENER – HACER", nuestro punto de origen no es un punto material, sino por el contrario, es un punto de conexión con nuestro interior. Siguiendo por ese mismo camino, cuando hablamos de "TENER" entramos a evaluar qué tiene nuestro "SER", qué tiene tu "SER". Ahí nos encontramos con los "Dones y Talentos Naturales".

¿Qué son los "Dones y Talentos Naturales"?

Son aquellas cosas en las que somos excepcionalmente buenos, en las cuales perdemos la noción del tiempo y las que, cuando las realizamos, nos reafirman como personas y nos causan una gran satisfacción y emoción. En ocasiones conocemos nuestros dones y talentos naturales, pero a veces ni siquiera sospechamos de su existencia. El conocer o no nuestros dones y talentos naturales determinará en gran parte nuestro éxito y será una pieza fundamental en nuestra relación con el mundo.

Cuando conoces tus dones y talentos naturales y eres consciente en qué eres excepcionalmente bueno, podrás explotarlos al máximo y utilizarlos para mejorar tu entorno. Por el contrario, cuando no conoces tus dones y talentos naturales, es probable que entres en conflicto con las personas que se encuentran a tu alrededor, o incluso contigo mismo. Te pongo un ejemplo: supongamos que uno de tus talentos naturales es la capacidad de sintetizar ideas y expresarlas de una manera clara y directa. Dado que es algo que te sale de manera natural, puedes creer que eso es común (no es extraordinario para ti, entonces no lo ves como algo extraordinario). Hay una reunión en tu oficina y le pides a uno de tus compañeros que exponga frente al comité los avances del nuevo proyecto en el que llevan varias semanas trabajando. Tu compañero inicia la presentación pero, para tu gusto, se está demorando y expandiendo más de lo que debería en cada uno de los temas y sientes que no está siendo conciso, causándote frustración porque piensas que el mensaje que estaban buscando transmitir no va a ser recibido. Al final de su presentación, independientemente del resultado de la misma, sientes que él no hizo un buen trabajo, e incluso le podrías recriminar por no haber ido directo al grano, ya que desde tu perspectiva era la manera "natural" de hacer las cosas.

Otro ejemplo: estás en el colegio en una clase de dibujo. Tus padres te han repetido constantemente que eres una persona supremamente brillante e inteligente. Cuando el profesor les enseña el manejo de las perspectivas y los pone a desarrollar una actividad, te das cuenta que te resulta particularmente difícil y empiezas a pensar que el tema debe ser el difícil, dado que tú eres una persona brillante e inteligente. Cuando levantas tu cabeza a mirar cómo les está yendo a tus compañeros, te das cuenta que hay algunos de ellos que, al igual que a ti, se les dificulta el tema; sin embargo, hay otros a los que les queda bastante fácil y terminan la actividad muy pronto. En ese momento comienzas a cuestionarte si realmente eres brillante e inteligente como dicen tus papás o, si por el contrario, no lo eres.

Luego de definir el "SER" y el "TENER" (estar conectados con nuestra esencia y tener claros nuestros dones y talentos naturales), la pregunta sería, ¿y para qué tengo esos dones y talentos?

Nuestros dones y talentos naturales los tenemos por un motivo principal: "HACER" nuestro propósito de vida. Cumplir con nuestro propósito en este mundo. Para cumplir con nuestro propósito necesitamos usar nuestros dones y talentos naturales mientras estamos conectados con nuestro verdadero SER, con nuestra esencia.

Ahora te pregunto, si seguimos éste modelo (SER – TENER – HACER), en vez del modelo que nos han enseñado a lo largo de nuestras vidas (HACER – TENER – SER), ¿con cuál de los dos crees que podrías alcanzar una felicidad verdadera y duradera? ¿Cuál de los dos modelos te podría dar una mayor satisfacción en el corto, mediano y, sobretodo, largo plazo?

LOS CUATRO PILARES DE LA VIDA

PERCIBIMOS LO QUE PROYECTAMOS

Mirar el cielo azul… creo que no hay algo que disfrute más en este mundo que acostarme sobre el césped a mirar el azul profundo del cielo en un día despejado. Siento tal nivel de paz y tranquilidad que pareciera como si el tiempo se detuviera y empezara a flotar lentamente. Mi estrés desaparece por completo y siento cómo, con cada respiración, mi mente se va tranquilizando más y más… Todo esto gracias a la inmensidad de ese cielo azul…

Ahora quiero que pienses en tu momento favorito. ¿Qué es lo que más disfrutas?. Quiero que por un instante te transportes mentalmente a ese sitio, a ese momento… Recuerda las sensaciones, los aromas, todo lo que ese espacio y esa situación generan en ti. Toma aire profundo y vuelve… ¡es importante que vuelvas para poder seguir!

¿Prefieres un clima cálido o disfrutas más si está fría la temperatura? ¿Te gustan las películas de acción o prefieres más las de suspenso y miedo? ¿Eres de los que sale de rumba y le parece un plan aburridísimo quedarse en la casa un viernes, o prefieres estar en tu casa en vez de aguantarte ese ruido y esa multitud de los sitios de rumba? ¿Para ti un concierto es bueno si saltas y gritas durante las dos horas que dura, o te parece mejor si puedes disfrutar de la música desde una posición cómoda? ¿Las redes sociales te parecen geniales e indispensables, o consideras que son una pérdida de tiempo?

Hace algún tiempo, cuando todavía estaba en la universidad, había una materia que me parecía terriblemente aburridora; por más que buscaba ponerle un poco de ánimo y buena actitud, no lograba cogerle cariño. Me causaba tal grado de fastidio que con sólo escuchar su nombre, empezaba ahí mismo a bostezar... Cuando hablé con varios compañeros, pensando que me iban a dar la razón, me encontré con sorpresa que ellos ¡sí disfrutaban de la clase!. "¿Pero cómo es posible?" – pensé. Empecé a intercambiar con ellos las razones por las cuales a mi no me gustaba la clase, mientras me comentaban por qué les parecía muy buena... Luego de hablar durante un largo rato, ni lograron convencerme que era buena, ni logré convencerlos que era mala. Cada uno de nosotros tenía su propia percepción de la clase y el hecho de parecernos buena o no tenía que ver más con factores propios de cada uno, más que de la clase en sí. Eso me llevó a pensar que posiblemente lo que nosotros percibimos del mundo real no es más que una proyección de nuestra propia mente. Me explico: no quiero decir que me estuviera imaginando a mis compañeros, o que la clase sólo existía en mi mente; a lo que me refiero es que si mis compañeros me caen bien o mal, o si la clase me parece buena o mala, son proyecciones de mi mente, reflejos de mi sistema de creencias, de mis experiencias de vida y de mi forma de interpretar el mundo.

A lo largo de la historia, los seres humanos hemos estado en la búsqueda de explicaciones a todos los "misterios" que nos han acompañado. Las primeras conclusiones y respuestas se basaron en la observación, gracias a la cual nuestros ancestros empezaron a desarrollar un entendimiento del mundo que los rodeaba, de sus cuerpos, de sus mentes y del universo. Surgieron las grandes civilizaciones a lo largo y ancho del planeta y, junto con ellas, el mundo experimentó increíbles avances en diferentes áreas del conocimiento: agricultura, astronomía, física, química, matemáticas, espiritualidad, religión, filosofía, comercio, entre otras.

Con el pasar de los siglos, la cultura o civilización dominante impuso su visión del mundo sobre los demás; y así vimos cómo los pueblos o naciones más poderosas económica y militarmente salían a la conquista de nuevos territorios y, como consecuencia de ello, las sociedades conquistadas debían adaptarse a ese nuevo "modelo" de realidad que se les imponía; sus dioses dejaban de ser "válidos", sus creencias pasaban a ser cuestionadas y anuladas, y su forma de concebir el mundo les era arrebatada para dar paso a un nuevo modelo "superior".

Durante el milenio pasado, la humanidad vio cómo muchas de las "verdades absolutas" fueron quedando obsoletas gracias a los avances de los grandes pensadores y fue así como aprendimos que la Tierra no era plana, que el Sol no giraba alrededor de la Tierra, que la Tierra no era el centro del universo, que el universo está en expansión... Se formularon muchas teorías para explicar los fenómenos físicos que nos rodean y pudimos modelar matemáticamente gran parte de nuestra realidad. Pero los cambios no fueron solamente a nivel intelectual; durante ese mismo período de tiempo vimos cómo cambiaron los conceptos de autoridad, poder, religión, riqueza, éxito, así como también vimos nacer nuevos conceptos de belleza, estética, armonía, sociedad, etc.

Durante los últimos 30 años la tecnología ha avanzado a un ritmo trepidante: no hace mucho tiempo era un lujo tener un computador en la casa e incluso era casi imposible tener un teléfono celular. Si algún familiar vivía en una ciudad o en un país diferente, era muy costoso mantener una comunicación constante, por lo que las opciones eran las cartas, los telegramas (en caso que fuera algo urgente) o las llamadas de larga distancia. Con los avances que tenemos a hoy podemos enviar y recibir e-mails desde nuestros celulares, hacer videollamadas y comunicarnos con cualquier persona, así esté al otro lado del mundo, a un muy bajo costo (o incluso gratis).

En este pequeño (bueno, pequeñísimo) resumen de nuestra historia podemos ver cómo a través del tiempo ha ido cambiando nuestra "realidad". Ahora la pregunta sería, ¿qué es real y qué es la realidad?

Inicialmente pensaríamos que "lo real" es todo lo que está ahí y que podemos percibir con nuestros sentidos: lo que vemos, oímos, olemos, saboreamos y sentimos sería "real". Sin embargo, dado que nuestro cerebro no tiene, debido a su naturaleza, la capacidad de diferenciar entre las visiones soñadas, alucinaciones y lo que captamos con nuestros sentidos, ¿cómo podríamos estar seguros de que eso que estamos percibiendo es real?

Socialmente hemos adquirido ciertos paradigmas que nos permiten sentirnos cómodos con lo que nos rodea. Es así como llegamos al concepto de realidad. La realidad no es otra cosa que nuestra percepción e interpretación de lo real. Eso quiere decir que para que "algo" se convierta en nuestra realidad, debería pasar por un proceso de varias etapas: primero lo percibimos, luego lo analizamos, comparamos e interpretamos, y al final emitimos un juicio sobre la pertinencia y/o relevancia de ese "algo". Dicho de otro modo, para poder determinar si una habitación a la que acabo de entrar está caliente o fría, primero percibo la temperatura del ambiente; luego esa información se transmite a través de mi sistema nervioso al cerebro, en donde se compara con mi "concepto" de habitación caliente o fría y, finalmente, el resultado de dicha comparación es el que me dice si en "realidad" esa habitación está caliente o fría.

Ahora, ¿qué pasaría si no entro solo a la habitación, sino que voy acompañado por alguien más? Esa otra persona tendría el mismo proceso para determinar si la habitación está caliente o fría... Pero, si para mí la habitación está caliente y para la otra persona esa misma habitación en ese mismo instante está fría, ¿cuál de los dos tiene la razón?

Siguiendo con este ejemplo, ¿qué pasaría si en vez de entrar dos personas a la habitación, entramos diez o veinte?. Lo primero es que cada uno pasaría por el proceso de varias etapas para determinar si la habitación está caliente o fría, para luego compartir su juicio. En este punto podríamos recoger las respuestas de todos y mirar cuál es la que más se repite y, con base en ella, decir que la habitación está _____ (de acuerdo con la opinión socialmente más aceptada).

Tomando como base todo lo anterior, querría decir que lo que percibimos como "realidad" no es más que una proyección de un proceso de análisis, comparación e interpretación que nuestro cerebro hace de lo "real". Esto NO quiere decir que lo que percibimos con nuestros sentidos sea una proyección de nuestra mente, sino que nuestra relación con eso que percibimos (si nos gusta o no, si nos duele, si nos molesta o nos alegra, etc.) SÍ es una proyección de nuestra mente, ya que está determinada por factores inherentes a nuestras propias vidas.

Actualmente vivo a las afueras de Bogotá (Colombia) y diariamente tengo que lidiar con lo mismo que la gran mayoría de personas que viven y/o trabajan en las grandes ciudades: un gran caos vehicular, un sistema de transporte público que no da abasto y el gran estrés que se genera por buscar llegar a nuestros destinos a tiempo. Al principio, al ver el gran trancón me estresaba de inmediato: si algún carro intentaba cruzarse por delante mío no lo dejaba y si veía a alguien chateando automáticamente me daba malgenio (por ser imprudente y poner en riesgo su vida y la de los demás). El trancón existe, los demás vehículos existen, todas las personas que van de camino a sus colegios, universidades, trabajos, reuniones, citas médicas existen; sin embargo, si el tráfico me estresa o no, si me desespero con los demás carros, si ese trancón me cambia mi actitud para el resto del día, depende únicamente de mí.

Percibimos lo que proyectamos. Todo lo que percibimos como "realidad" no es más que una proyección de nuestra mente, tanto consciente como subconsciente. Mi relación con las personas, acontecimientos, lugares, situaciones, entorno, etc., está regido y determinado por mi propia mente: las cosas que me gustan y las que no me gustan, lo que me apasiona y lo que me desilusiona, lo que me llena de satisfacción y lo que me parece irrelevante… Ahora, si eso me pasa a mí y te pasa a ti, podríamos pensar que es algo que nos sucede a todos. Nuestra relación con el mundo está determinada por la mente de cada uno de nosotros; por lo tanto, para poder vivir en armonía con los demás es importante que respetemos la visión del mundo que tenemos cada uno.

Ahora bien, cuando digo que "percibimos lo que proyectamos", hay personas que tienden a tener dos puntos de vista extremos con relación a esta premisa. Algunos la rechazan completamente, tomando un enfoque muy físico: *"Eso no es posible; esa alfombra es real, no es algo que esté en mi mente"*, mientras que otros se van al otro extremo: *"Todo es una proyección de mi mente. Tú no existes, no eres real, luego te puedo tratar como yo quiera"*. La premisa de que percibimos lo que proyectamos no es algo que se pueda manejar como si fuera un absoluto, sino que se mueve a lo largo de un espectro.

Pero, ¿qué significa que se mueva a lo largo de un espectro?. Para ilustrar esto tomemos un ejemplo: dualidades. Si hablamos de día y noche, sería claro pensar que son extremos opuestos y que por lo tanto es completamente claro cuándo es de día y cuándo es de noche; sin embargo, esto no es del todo cierto. Basta con mirar cómo es el día y la noche en otros lugares del planeta (sobretodo mientras nos acercamos a los polos): dependiendo de la época del año, el día y la noche pueden llegar a ser muy diferentes al día y la noche de otro momento, a pesar de estar en el mismo lugar. Otro ejemplo lo podemos ver cuando buscamos definir la tonalidad de un color; si tenemos un azul muy claro en un extremo y un azul muy oscuro en el otro, para nosotros sería fácil decir cuál es el "oscuro" y cuál es el "claro". Pero, ¿qué pasaría si comenzamos a introducir toda la gama de azules posibles en el medio de esos extremos? ¿Ahora a cuáles les podríamos poner la etiqueta de "claros" y a cuáles la de "oscuros"?

De esta misma manera, "percibimos lo que proyectamos" se encuentra a lo largo de un espectro. Tomemos como ejemplo el piso que se encuentra debajo tuyo. Estás en un sitio en donde es claro que hay un piso. Cualquier persona que entrara en este momento al sitio en el que te encuentras podría decir que hay un piso debajo. Eso no está en tu cabeza. No puedes cambiar su realidad – a menos que interactúes con el piso de alguna manera extrema. En cierto sentido, no tienes control sobre tu experiencia con el piso; sin embargo, sí tienes control porque hay una parte de tu experiencia que se encuentra completamente en tu cabeza: ¿te gusta el piso?, ¿te gusta el color?, ¿te gustaría que estuviera más limpio?, ¿habías notado cómo es el piso?. Todo esto está en tu mente, es tu proyección. Y, como está en tu mente, tienes el 100% del control sobre tu reacción.

Quiero que te tomes un instante y pienses en las personas con las que has interactuado o en las cosas que te han sucedido hoy, en la última semana o durante el último mes. ¿Podrías haber interactuado con esas personas/situaciones de forma diferente? ¿Qué habría pasado? ¿Cómo habría cambiado tu experiencia y tu realidad en ese momento?

CAUSA-EFECTO

Hace algún tiempo me crucé con un amigo con el que no me había visto en años. Nos encontramos para tomarnos un café y, como se dice por acá, "adelantar cuaderno" (ponernos al día en lo que nos ha pasado a cada uno). Me contó sobre su paso por la universidad, lo que había estudiado, sobre sus novias, sus proyectos y sus trabajos. Cuando llegamos al tema de su trabajo actual me contó que se encontraba muy aburrido y que quería renunciar. Me comentó cómo al principio creyó que ese era el trabajo ideal; había llegado al sitio que siempre había soñado y estaba empezando un proceso que posiblemente desencadenaría en hacer carrera dentro de esa empresa. Sin embargo, hubo un momento en el que las cosas empezaron a cambiar. Ya no sentía la misma emoción que lo motivaba al principio, el ambiente laboral se puso muy tenso, la relación con su jefe se volvió tormentosa, el salario no le parecía equitativo versus las responsabilidades de su puesto, la carga laboral era demasiado pesada y su jornada se había extendido hasta altas horas de la noche. Por todo lo anterior había decidido renunciar. Sentía que, a pesar que los temas que trataba en su puesto le gustaban, todos esos factores externos le hacían imposible continuar en ese trabajo.

Hablar de causa y efecto en nuestra sociedad es algo muy sencillo, ya que en cierta medida conocemos el concepto:

toda acción trae consigo una reacción. Cuando algo sucede, sabemos que de alguna manera algo lo debió causar, así no sepamos qué fue. Pero, ¿y si llevamos esta premisa un poco más allá?. Si algo pasa en tu vida o si obtienes algún tipo de resultado, en cierta medida tú eres la causa de eso. Tu vida no te pasa a ti, sino que sucede por ti.

¿Qué pasaría si alzaras un esfero o un lápiz con tu mano derecha al frente tuyo y, desde cierta altura, abrieras la mano y lo soltaras?. Inevitablemente ese esfero o lápiz caerá al suelo. Causa: soltaste el esfero – Efecto: cayó al suelo. El golpe que recibe el esfero es el efecto de haberse caído al suelo, que a su vez es el efecto de que tú lo soltaras en primer lugar. Pregunta: ¿qué puede hacer el esfero para evitar caerse tan pronto lo sueltas? ¿Qué puede hacer el esfero para no recibir el golpe al impactar contra el suelo?. Respuesta: NADA. De acuerdo con la Ley de Causa y Efecto, toda acción tiene una reacción; por lo tanto, para poder cambiar esa reacción debería ocurrir otra acción (causa), la cual a su vez desencadenaría una reacción diferente (efecto). La reacción, o efecto, está determinada por la causa.

Nosotros somos los creadores de nuestras vidas, de nuestras experiencias; si queremos un resultado diferente somos los únicos que podemos *causar* que sea diferente. De acuerdo con mi experiencia, ésta forma de ver la vida trae dos grandes escenarios consigo: por una parte da una gran sensación de libertad el saber que somos nosotros quienes estamos en control de nuestras vidas y que somos la causa (y no las víctimas) de las cosas que nos suceden; pero por otro lado también es una gran responsabilidad, e incluso puede llegar a ser confuso – "*¿cómo pude haber causado eso?*".

Causa y efecto implica que somos 100% responsables de los resultados que obtenemos, ya que nosotros somos la causa. Esto quiere decir que no puedes culpar a los demás si tú no obtienes los resultados que esperabas de una situación en particular; sin embargo, esa es una práctica muy común en nuestra sociedad actual. Cuando buscamos quién es el culpable de que yo no obtuviese los resultados que quería, estoy perpetuando "ser efecto", en vez de "ser causa".

Hay momentos de nuestra vida en los que sucede algo que realmente no debería haber pasado. Eso es cierto, pasa. Pero incluso en esos momentos, nosotros creamos esa situación por algún motivo. En ese caso la pregunta sería ¿para qué causé esta situación?. Y, aún más importante, ¿qué debo aprender de todo esto?

Si hay algo que no te gusta en tu vida, si sientes que por más que lo intentes no obtienes lo que quieres, ¡entonces haz algo diferente!. Hacer lo mismo una y otra vez, esperando un resultado diferente es lo que Einstein definió como "locura". Lamentablemente, el primer reflejo que tenemos en nuestra sociedad cuando sucede algo que no nos gusta es el de buscar un culpable: "*No soy bueno en* matemáticas porque mi profesor del colegio era muy malo", "no puedo hacer ejercicio porque no me queda tiempo", "mi relación se deterioró porque mi pareja era muy celosa", "no disfruto mi trabajo porque el ambiente laboral es muy pesado y la relación con mi jefe es muy tormentosa". En vez de tomar la responsabilidad de nuestras vidas, nos volvemos víctimas, efectos de algo o alguien más. Mientras seamos efecto no tendremos ningún tipo de poder ni de control en nuestras vidas.

Si es malo ser efecto, ¿por qué la gente lo hace?. La respuesta es sencilla: porque vivimos en una sociedad en la que en ocasiones se nos premia por ser efecto. Es mucho más fácil para nosotros buscar culpables que asumir las responsabilidades de nuestros actos. Adicionalmente, hay ocasiones en las cuales sentimos que el beneficio de ser "víctimas" es más grande que el riesgo de asumir la responsabilidad: preferimos permanecer en un trabajo que no nos gusta y en el cual nos maltratan, porque así despertamos la simpatía de nuestros amigos y familiares. Pero ojo, causa y efecto se trata de asumir la responsabilidad, no de asumir la culpa. Responsabilidad y culpa son dos conceptos totalmente diferentes. La culpa está asociada con ser víctima, lo que nos llevaría nuevamente a ser efecto.

Cuando llega diciembre es normal hacer un recuento de todas las cosas que hicimos durante el año; sacamos nuevamente esa lista de propósitos y miramos qué hicimos y qué no hicimos de todo lo que habíamos planeado en enero. Hasta el momento no he conocido a la primera persona que diga: *"Realicé todos los viajes que quería, completé todos mis proyectos y todo lo que me propuse y quise hacer, lo hice; gané el dinero que quería y estoy en la relación que siempre había soñado; he alcanzado todas mis metas que me propuse para este año e incluso más... ¡Que mal! Ojalá no me hubiera ido tan bien o no hubiera logrado todo eso..."*. En cambio, si es bastante común escuchar frases como *"me hubiera gustado..."*, *"debí haber hecho..."*, *"que habría pasado si..."*, etc. El poder de "causa y efecto" radica en que en vez de pasar nuestra vida pensando en *"qué habría pasado si..."*, pasemos nuestras vidas haciendo lo que queremos hacer y convirtiéndonos en las personas que queremos ser.

Por un instante quiero que sientas la diferencia entre aceptar tu responsabilidad por algo y sentirte culpable por algo. ¿En cuál de los dos casos te sientes con más energía para hacer algo al respecto?

CREACIÓN

La premisa de la creación dice que, para que algo exista en este mundo, lo opuesto también debe existir. Todo nuestro universo, todo lo que conocemos hace parte de una dualidad o dicotomía. Un ejemplo de esta dualidad (y bastante famosa por cierto) es el *Yin* y el *Yang*. El Yin y Yang son dos fuerzas fundamentales opuestas y complementarias que se encuentran en todas las cosas del universo. Esos opuestos no son absolutos sino relativos (por ejemplo el verano y el invierno son opuestos; sin embargo en un día de invierno puede hacer calor y en un día de verano puede hacer frío), son interdependientes (no existe el uno sin el otro), se pueden subdividir a su vez en Yin y Yang indefinidamente, se consumen y generan mutuamente, pueden transformarse en sus opuestos y siempre hay una parte del uno en el otro.

Hay personas que tienen en sus vidas la dualidad de "felicidad y tristeza"; otras tienen "prosperidad y escasez" o "vitalidad y desgano" como dicotomías. Si la dualidad es algo interno, basado en lo que hemos visto de *percibimos lo que proyectamos* y *causa y efecto*, nosotros tenemos el control total y absoluto de la experiencia de nuestra dicotomía; por lo tanto, somos nosotros los que definimos (basado en nuestro sistema de creencias y en nuestra percepción del mundo) cuáles serán las dualidades sobre las cuales se moverá nuestra existencia.

Hace un par de años decidí iniciar mi empresa de coaching (*Conéctate Coaching – www.conectatecoaching.com*). Durante mi vida universitaria y mis primeros años de vida laboral, conocí muchas teorías y estrategias de cómo empezar un negocio, cómo ser emprendedor y de qué debía esperar durante los primeros años como empresario.

Asistí a cursos, seminarios, leí artículos, blogs, para hacerme a una idea de cómo iban a ser esos primeros meses y años con un negocio propio y, las grandes conclusiones que saqué de todo lo que estudié fueron que iba a haber momentos de avance y momentos de estancamiento; que era posible que se me presentaran épocas en donde me fluyeran los clientes y el dinero y otras en las que el negocio no se moviera nada; que para alcanzar el punto de equilibrio de toda empresa era necesario esperar un año o más (dependiendo del tipo de negocio que se desarrollase). Con todas esas "realidades" en mi cabeza, me metí de lleno en mi empresa y, como era de esperarse, tuve épocas en las cuales me fluían los clientes y el dinero y otras en las que el negocio no se movía nada; tuve momentos de avance y momentos de estancamiento... Todo esto, a pesar que era el resultado "previsto", me causaba una gran angustia: ¿cómo iba a asegurar un ingreso estable si no era capaz de mantener un flujo constante de dinero?. Mi angustia llegó a tal punto que me hizo cuestionar mi decisión de carrera: *"¿Será que sí soy bueno en lo que hago? ¿Será que dejo de trabajar y me pongo a estudiar más? Pero, si dejo de trabajar, ¿cómo hago para generar ingresos? ¿Será que esto no es para mí?"*.

Hubo un día en particular en el cual decidí que no quería seguir viviendo esos altibajos y no quería continuar experimentando esas dualidades que me estaban atormentando y no me dejaban avanzar; pensé que si esas sensaciones de satisfacción e insatisfacción, alegría y tristeza, tranquilidad y angustia, se producían en mi mente, yo era la única persona que podría cambiar eso. Decidí "redefinir" de manera consciente cuáles iban a ser mis dualidades, de tal forma que, a pesar de ser opuestas, ambas me contribuyeran para alcanzar mis metas y objetivos.

¿Alguna vez te has cruzado con alguien que tiene un punto de vista, sobre un tema específico, completamente diferente al tuyo? ¿Qué has pensado en esas ocasiones? ¿Sientes que tú tienes la razón y que la otra persona está completamente errada?

A mediados del año pasado me encontraba en un café leyendo un libro y me crucé con una amiga con la que no hablaba hacía algún tiempo. Como se veía cansada la invité a que me acompañara un rato para charlar. Una de las cosas que más disfruto en una conversación es poder debatir sobre diferentes temas, ya que al hacerlo tengo la posibilidad de ver la vida desde otras perspectivas. Hablamos de la vida, de política, de deportes, de la juventud actual (ahí me preocupé un poco porque eso es una señal inequívoca de que me estoy volviendo viejo), hasta que finalmente llegamos al tema del trabajo.

- *"Te ves cansada… ¿En qué andas?"* – pregunté.

- *"Pues en lo que toca… trabajar y trabajar para poder tener dinero. Si no me esfuerzo y si no me muevo haciendo lo que se me presente, no voy a poder tener suficiente para poder cubrir mis gastos y vivir medianamente bien".*

La dualidad que ella había decidido vivir en torno al dinero decía que su nivel de ingresos era directamente proporcional a la cantidad de esfuerzo que le requerían sus trabajos, haciendo la aclaración que todo ese esfuerzo era para poder cubrir sus gastos y vivir medianamente bien. ¿Cuántas personas conoces que puedan tener esta dualidad en sus vidas? ¿Eres tú una de ellas? ¿Consideras que para ganar más dinero hay que trabajar más? ¿Conoces casos de personas para las cuales esa afirmación sea cierta? ¿Conoces casos de personas para las cuales el nivel de ingresos y el esfuerzo en el trabajo no están directamente relacionados?

Cada uno de nosotros definimos nuestras dualidades basados en nuestro sistema de creencias (nuestra manera única y particular de *percibir* y entender el mundo), y *causamos* nuestras dualidades de acuerdo con lo que necesitamos vivir, experimentar y aprender en los diferentes momentos de nuestras vidas. No importa la dualidad que estés viviendo, ni las dualidades que estén viviendo las personas a tu alrededor; cada uno es responsable de *causar* y *crear* su vida. Por lo tanto, debemos respetar la visión del mundo que tienen los demás y entender que así como nosotros nos encontramos en un proceso de aprendizaje constante, ellos también se encuentran en su propio proceso.

¿En algún momento de tu vida alguien (llámese familiar, amigo, desconocido) ha buscado darte un consejo de cómo deberías o tendrías que hacer algo en particular?: *"Deberías buscar otro trabajo"*, *"ese look no se te ve bien"*, *"así no se hacen las cosas"*, *"tienes que terminar esa relación"*, *"tienes que madurar"*, etc. ¿Cómo te sientes cuando alguien utiliza una frase de este estilo contigo?. Si en cierta medida te sientes atacado, no te preocupes: es una reacción natural. Está reacción de sentirnos atacados y ponernos a la defensiva surge porque esa persona que te está dando el "consejo", realmente está diciéndole a tu mente: *"mi manera de percibir y entender el mundo es mejor que la tuya"*. Cada uno de nosotros somos los únicos que conocemos el 100% de nuestras vidas. No hay nadie en el mundo, ni tu familia, ni tus amigos que conozca tu vida así como tú la conoces. Habrá personas que conozcan una gran parte, pero también hay cosas que no le has contado a nadie... Tal vez situaciones, sueños, anhelos, pensamientos... La única persona que sabe todo de ti eres tú. Por lo tanto, nadie en el mundo puede imponerte su visión asumiendo que es mejor que la tuya, simplemente porque tu *percepción*, lo que *causas* y lo que *creas* para ti lo has hecho con un propósito (así todavía no conozcas cuál es ese propósito).

CICLOS Y RITMOS

Luego de hablar de *creación* y de dualidades, el siguiente paso inevitablemente es hablar de *ciclos y ritmos*. Cuando *causamos* nuestras dualidades, bien sea de manera consciente o subconsciente, nuestra vida se moverá indefinidamente entre esos opuestos, de manera cíclica y con un ritmo determinado.

Como podrás darte cuenta, todos los conceptos que hemos visto hasta ahora (percibimos lo que proyectamos, causa – efecto, creación y ciclos) son complementarios y se necesitan entre sí para poder existir. Si en nuestra vida, de acuerdo con la forma como percibimos el mundo, creamos una dualidad determinada (por ejemplo tristeza y felicidad, o pobreza y prosperidad), toda nuestra existencia se va a desarrollar de manera cíclica entre esos opuestos. En ese punto tenemos dos opciones: la primera, sabemos que nosotros somos los que causamos y creamos nuestras dualidades, entonces las podemos cambiar de manera consciente cuando queramos; y dos, sabemos que inevitablemente nuestra vida se va a mover entre esos dos opuestos, entonces lo mejor es ¡disfrutar y vivir a plenitud cada momento!. Si nuestra dicotomía es tristeza y felicidad, cuando nos llegue el momento de estar tristes hagámoslo y cuando nos llegue el momento de ser felices seámoslo.

¿Recuerdas la historia que te conté sobre los inicios de mi empresa?. Cuando me di cuenta que esas dualidades que había definido para mi negocio no estaban ayudándome a conseguir los resultados que quería, decidí redefinirlas para que estuvieran en armonía con mis objetivos y metas. En esos momentos mi negocio se movía entre dos opuestos principales: había semanas o meses en los cuales me llegaban muchos clientes y el dinero fluía, mientras que había otras épocas en las cuales no llegaba nadie y todo se estancaba. Cuando estaba en la fase de tener clientes y dinero mi estado de ánimo estaba altísimo y me sentía realmente imparable y convencido de que hacía lo correcto; pero cuando llegaba el momento en el que no había clientes mi estado de ánimo se iba para el suelo y empezaba a cuestionarme y a angustiarme. Luego de analizar qué era lo que quería para mi negocio y para mi vida, opté por definir la siguiente dualidad: como la idea es que sea entre opuestos, mi nueva dualidad fue "Ejecución y Preparación". La etapa en la que me llegaban clientes y fluía el dinero se convirtió en "Ejecución" y, como mi opuesto ahora era "Preparación", cuando no tenía el mismo flujo de clientes opté por estudiar, leer, capacitarme más, aprender nuevas cosas y usar esos momentos para trabajar en mi. A partir de ese instante mi empresa y mi vida dieron un giro de 180 grados: la angustia desapareció, la incertidumbre dejó de ser mi pan de cada día y pude experimentar nuevas sensaciones de satisfacción a medida que iba viviendo mis nuevas dualidades de manera cíclica. Cuando dejé de estar convencido que necesitaba "sufrir" para poder sacar mi empresa adelante, comencé a vivir una nueva realidad mucho más tranquilo y feliz.

Cuando hablo de este concepto con las personas hay algunas que me preguntan: "*Entonces según tú, ¿la gente no sufre?. Si dicen que no sufren es porque están mintiendo o porque todavía no les ha tocado sufrir...*". Desde mi punto de vista, la gente que sufre es porque así perciben y crean su mundo; yo sé que la gente sufre, lo he visto y lo he experimentado en carne propia. Lo que quiero decir es que si una persona cree que "necesita" sufrir por X o Y motivo, es mucho más probable que el sufrimiento haga parte de su realidad. Depende de cada uno de nosotros qué vida es la que creamos para nosotros mismos.

RAZÓN 2:
CREA LA VIDA QUE TE MERECES

" Las piedras: las podemos lanzar, quejarnos de ellas, tropezarnos con ellas, trepar sobre ellas o construir con ellas"

- William Arthur Ward

¿Qué me impide tener la vida que deseo? ¿Cuál es la fuerza que moldea y controla mi vida?

Todos tenemos muchos sueños, sin embargo no todos estamos viviendo la vida que quisiéramos.

¿Qué me impide tener la vida que quiero para mí?

¿Qué está moldeando y controlando mis elecciones y emociones?

¿Por qué hago lo que hago?. Si es tan sencillo cambiar lo que pienso y siento, ¿por qué no lo hago?

La manera más poderosa que tenemos los seres humanos para crear la vida que queremos y moldear nuestro destino es actuando. Las personas obtienen resultados diferentes a los demás cuando hacen cosas diferentes a los demás, a partir de una situación en común. Las acciones diferentes generan resultados diferentes.

Si queremos crear la vida que deseamos, debemos tomar el control de nuestras acciones. Pero ojo, nuestra vida no se moldea por algo que hacemos una sola vez, sino por lo que hacemos consistentemente.

La pregunta sería: ¿Qué controla nuestras acciones? ¿Qué determina lo que hacemos?

DECISIONES

Todo lo que pasa en nuestras vidas comienza con una decisión. Es en los momentos de decisión en los que moldeamos nuestro destino. Todas las decisiones que tomamos a cada instante son las que determinan cómo nos sentimos hoy, así como a dónde llegaremos y qué lograremos en el futuro.

Si te detienes a pensar en tu vida, ¿ha habido momentos en el pasado en los cuales una decisión habría cambiado radicalmente tu vida actual, ya sea para bien o para mal?. Tal vez decidiste iniciar una relación con alguien, o quizás decidiste que era mejor terminar una relación. Tal vez decidiste invertir tus ahorros en un viaje, o de pronto decidiste invertir en finca raíz. Quizás decidiste independizarte y abrir tu propio negocio, o tal vez decidiste seguir en el mismo trabajo. ¿Cómo moldearon tu vida actual todas esas decisiones?

¿Alguna vez has sentido frustración, enojo o desilusión por cosas que te han sucedido?. En caso que sí, ¿qué decidiste hacer al respecto? ¿Todos esos sentimientos te sirvieron de motivación para desafiar tus límites y ver de qué eras capaz, o simplemente te rendiste ante la situación? ¿Qué tanto te han "marcado" las decisiones que has tomado?

Nuestra vida puede dar un giro de 180° en un instante, gracias a una decisión que tomemos (o dejemos de tomar). Pero, ¿cuáles son las decisiones que nos pueden ayudar a controlar y moldear nuestro destino?

Cuando pensamos en las decisiones fundamentales que debemos tomar de manera consciente para no dejar al azar nuestra vida, surgen tres principalmente:

1. Nuestra decisión de en qué decidimos enfocarnos.

2. Nuestra decisión de cómo interpretamos lo que nos sucede.

3. Nuestra decisión de qué hacer para alcanzar lo que queremos.

El reto que se nos presenta ahora es empezar a tomar esas tres decisiones de manera consciente.

Imagina que vas manejando tu carro. Acabas de salir de la oficina y vas rumbo a tu casa. Tuviste un día particularmente pesado, en donde sin importar qué tanto te esforzaras o te apuraras, el trabajo parecía acumularse cada vez más y más. Sientes la presión de no haber podido terminar todo lo que tenías que hacer y, aún sabiendo que posiblemente mañana tu jefe te va a regañar, optas por irte a tu casa para descansar y despejar tu mente. De repente, un carro que iba en el carril del lado se cruza a tu carril de manera violenta y repentina, obligándote a frenar estrepitosamente. En menos de un segundo tu cerebro toma tres decisiones que pueden cambiar radicalmente tu destino. Puede que hayas decidido enfocarte en ese carro que acaba de cruzarse a tu carril, sintiendo que esa acción fue una muestra de agresividad del otro conductor y decides acelerar y perseguirlo para devolverle lo que te hizo o para darle una lección; pero también existe la posibilidad de que hayas decidido no perder tu enfoque inicial (irte a tu casa a descansar y despejar tu mente), que interpretes que esa acción del conductor fue un accidente y simplemente sigas tu camino.

Tenemos una gran ventaja: Si tomamos mal la primera decisión y nos enfocamos en algo negativo, todavía tenemos la posibilidad de darle una interpretación positiva o neutral a eso en que nos enfocamos. Finalmente, si le dimos una interpretación negativa, podemos decidir hacer algo o no hacer nada al respecto. Nuestra vida puede ser radicalmente diferente, dependiendo de cómo tomemos esas tres decisiones.

De acuerdo con todo lo que hemos visto hasta acá, si únicamente depende de nosotros cambiar lo que pensamos y sentimos, ¿por qué no lo hacemos? ¿Por qué nos es difícil cambiar esa mentalidad de esperar qué nos depara la vida y tomar las riendas de nuestro destino?

Hay personas que son súper expresivas. No hay necesidad de preguntarles cómo se sienten, ya que su rostro y postura las delatan. Hace algún tiempo me encontraba en una reunión y una muchacha se me acercó para preguntarme algo. Antes que dijera una palabra, su rostro reflejaba lo que parecía ser angustia y decepción. Estaba en una etapa de su vida en donde, según los parámetros sociales, ya debería tener "resuelta" su parte sentimental. La mayoría de sus amigas ya se habían casado y en ese instante ella se encontraba sola. Luego de hablar por unos minutos la invité a que programara una sesión conmigo para que pudiéramos charlar un poco más a fondo sobre ese tema.

Cuando llegó a la sesión su cara reflejaba un sentimiento diferente; al indagarle por ese "cambio" me dijo que se sentía "esperanzada". Hablamos durante unos minutos sobre su vida en general y, cuando llegamos a la parte de las relaciones sentimentales, su rostro y postura cambiaron radicalmente. Bajó un poco la cabeza, se inclinó hacia delante y sus manos se tensionaron. A medida que fuimos adentrándonos en ese tema, utilicé por momentos preguntas y expresiones que la ayudaran a relajarse y a salir de ese estado en el que se encontraba.

De acuerdo con nuestra experiencia de vida, podemos ver que nuestros comportamientos, incluyendo nuestras emociones, se componen de tres elementos que trabajan juntos:

- Patrones de Fisiología y Postura, que influyen en nuestro estado bioquímico (emociones).

- Patrones de Enfoque Mental, que determinan cómo experimentamos el mundo.

- Patrones de Lenguaje, que controlan la forma como expresamos y representamos nuestra experiencia para nosotros mismos y para los demás.

Cuando nos sentimos deprimidos normalmente asumimos cierta postura con nuestro cuerpo: nos inclinamos un poco hacia delante, bajamos la cabeza, acomodamos de manera diferente nuestros brazos, nuestras cejas se arquean un poco, e incluso cambiamos el ritmo y la forma de nuestra respiración. Comenzamos a enfocarnos en esa situación que nos deprime y en nuestra mente pasan las imágenes de ese momento particular y, a medida que se recrea toda la situación que nos va sumiendo en ese estado depresivo, empezamos a tener un diálogo interno utilizando ciertos patrones de lenguaje negativo: *"¿por qué me pasa esto a mí?"*, *"nunca seré capaz de salir adelante"*, *"nunca voy a encontrar el amor"*, etc..

Cuando nos encontramos experimentando una emoción, ya sea positiva (alegría, éxtasis, júbilo, inspiración, etc.) o negativa (depresión, ira, resentimiento, dilación, etc.), asumimos una postura específica, nos enfocamos en algo determinado y usamos un lenguaje concreto que nos lleva a dicha emoción.

Tomando como base lo anterior, vemos que el sentir o experimentar una emoción es algo propio de cada uno de nosotros y está compuesto de tres elementos (patrones de fisiología y postura, patrones de enfoque mental y patrones de lenguaje) que se encuentran completamente bajo nuestro control. Y, como está bajo nuestro control, tenemos la capacidad de cambiar la emoción que estemos sintiendo en menos de un segundo.

Volviendo a la historia, a medida que ella fue contándome sobre la situación que la tenía sumida en su depresión, comencé a indagar un poco para que descubriera cuál era la razón principal de su estado de ánimo. Luego de una serie de preguntas enfocadas en ayudarla a alcanzar un mayor nivel de claridad sobre su situación, concluyó que su preocupación real no era el hecho de no tener una relación actualmente, sino el cómo volver a confiar plenamente en un hombre y no salir herida en el intento.

Comenzamos a mirar cómo había manejado en el pasado su depresión y cómo había hecho para salir de ese estado. A medida que fuimos avanzando en la sesión logramos identificar un patrón de comportamiento, que es muy usual para este tipo de emociones y que, de no romperse, puede tenernos sumidos en un ciclo de emociones negativas.

Su caso era algo así: Ella es una mujer de carácter fuerte e independiente, que ha salido adelante por sus propios medios. Sus relaciones amorosas pasadas le han causado un profundo dolor, lo que la ha llevado a no ser capaz de confiar en un hombre. Cuando ve cómo sus amigas cercanas, ex compañeras de la universidad y del colegio se han ido casando y conformando familias, se deprime profundamente y empieza a sentirse sola, triste, y en su cabeza se repite una y otra vez que nunca va a ser capaz de encontrar el amor, que el amor no existe y que está condenada a vivir en soledad. En ese estado se siente vulnerable y despierta la simpatía de sus familiares y amigas, ya sea para darle consuelo (*"tranquila, ese hombre ya llegará"*) o para reforzarle sus creencias (*"no necesitas un hombre, tú puedes estar bien sola"*, *"es mejor sola que mal* acompañada"). Eventualmente se da cuenta que en ese estado de depresión no tiene el control ni el poder que normalmente tiene en su vida, entonces le da rabia consigo misma y sale de la depresión gracias a la ira. En ese estado se siente poderosa nuevamente, con control sobre las cosas. Sin embargo, debido a su ira, tarde o temprano empieza a alejar a las personas y nuevamente comienza a sentirse sola, cayendo otra vez en depresión…

Cuando la gente experimenta emociones está diciéndose cosas mentalmente y, a pesar que no se dicen en voz alta, estos patrones de lenguaje tienen una influencia muy grande en nuestras emociones.

Si alguien intentaba "meterse" con su depresión, ella se ponía furiosa y reaccionaba – internamente está diciendo: yo saldré de la depresión cuando quiera.

Si ella protege su derecho a estar deprimida poniéndose brava, ¿cómo podría afectar sus relaciones?. ¿Qué pasaría si alguien trata de ayudarla a superar esa depresión?.

¿Conoces a alguien que proteja su depresión o cualquier otra emoción destructiva?

Para aprender cómo superar su hábito de depresión, ella necesitaba trabajar en un "antídoto": un estado emocional fuerte que satisficiera sus necesidades emocionales, mientras contraatacaba la depresión (en su caso utilizamos la excitación por una alegría inmensa).

Una frase recurrente durante nuestra conversación fue "no puedo olvidar lo que me pasó; todavía me duele". Luego de la intervención con el ejemplo de la excitación, la conclusión fue que no es que no pudiera poner su pasado atrás, sino que más bien ella estaba siendo selectiva con relación a qué cosas quería olvidar y qué cosas no…

Durante mis sesiones utilizo una serie de pasos para ayudar a que las personas creen un cambio que perdure. Estos pasos son:

- Entender su mundo: entender sus patrones de fisiología y postura, sus patrones de enfoque mental y sus patrones de lenguaje; descubrir su ciclo emocional; entender la fuente primaria de dolor en su vida.

- Romper el patrón emocional: Usar humor (respetuoso), gestos, historias y anécdotas, para romper continuamente los patrones emocionales habituales de la persona, con el fin de demostrarle más adelante que sí es capaz de cambiar de estado emocional instantáneamente.

- Encontrar qué es lo realmente importante: Descubrir qué es lo más importante para la persona, cuál es el problema verdadero. Cuando la persona ve que hay una posibilidad real de cambiar esa parte de su vida, se compromete completamente a la intervención.

- Redefinir el problema: En el caso que te conté, el problema de ella no era la depresión. La depresión simplemente era una forma que utilizaba para satisfacer sus necesidades a corto plazo, que termina siendo destructiva a largo plazo. Lo que ella realmente quería era una relación y otra forma de vivir su vida. Cuando se es consciente de cuál es el problema real, podemos tomar la decisión de dejarlo atrás y empezar a construir la vida que queremos y que soñamos.

- Crear alternativas: En vez de caer en ira para salir de depresión, la persona aprende que puede acceder a emociones positivas, como esperanza o excitación.

- Condicionar el nuevo comportamiento: Discutir la forma en la que la persona se ha condicionado para caer en depresión y cómo puede condicionarse para tomar una decisión consciente.

Luego de ver que cualquiera de nosotros tenemos la habilidad de pasar de depresión a emoción, a excitación, a esperanza en un segundo, ¿por qué decidimos quedarnos en depresión durante nuestras vidas?. ¿Por qué no hemos querido romper esos ciclos?...

...Porque hemos sido recompensados. La mayor parte del tiempo no caemos en esos ciclos de emociones negativas de manera consciente.

Los ciclos de emociones negativas son una forma muy común de resolver nuestras necesidades contradictorias: por un lado sentirnos conectados y vulnerables y por el otro sentirnos poderosos y en control.

• Relacionar el cambio con un propósito superior: Demostrar que ese ir y venir entre los opuestos del ciclo de emociones negativas no es necesario cuando la persona está conectada con su Propósito Superior y su Yo Verdadero (su esencia).

En el caso que te he estado contando, ella se deprimía con la esperanza de sentirse amada y protegida, pero cuando se sentía débil y sin ayuda se ponía furiosa para salir de la depresión.

Su conflicto radicaba en que actualmente a las mujeres se les exige renunciar en cierta medida a su feminidad para poder avanzar. En ese escenario la única forma en la que ella podía reconectarse con ese lado femenino de simplemente sentir, sin tener que pensar en soluciones, era a través de la depresión. No podía encontrar una pareja que la llenara, porque para sentirse protegida y amada debía sentirse débil y eso le generaba rabia. Ella es una gran mujer femenina que se ha entrenado toda su vida para ser fuerte (debido a las cosas que le han pasado). Entre más fuerte se volvía, más entraba en conflicto con ese lado femenino. Esa era la gran razón de su depresión. El hecho de no saber cómo iba a ser posible para ella tener una gran relación y seguir siendo honesta con su Yo Verdadero, su esencia, y no salir herida. En su estado actual era posible que al principio ese juego de debilidad e ira le sirviera un poco, pero en el largo plazo, si esa depresión y esa ira eran para protegerse porque realmente sentía miedo, iba a terminar atrayendo al tipo de hombre que no deseaba.

¿Cuánto tiempo tarda un ser humano en cambiar, ya sea un comportamiento, un hábito o una creencia negativa y/o limitante?

Cuando comenzamos a mirar posibles respuestas a esta pregunta, nos encontramos con "fórmulas" o "programas" que nos dicen que son "21 días", "28 días", "4 semanas", "2 meses", "6 meses"... Pero, ¿qué tan cierto será eso?

Por ejemplo, ante la partida de un ser querido, ¿cuánto tiempo debe pasar para que superemos el duelo?. Cuando realizo esta pregunta, normalmente me encuentro con respuestas como: "1 mes", "2 meses", "6 meses", "1 año", "nunca se puede superar...", etc..

Partiendo del hecho que los comportamientos, hábitos, creencias y emociones se producen en nuestra mente como reacción a estímulos externos que percibimos, filtramos, distorsionamos y generalizamos, sería cierto afirmar que, si trabajamos de manera inteligente de la mano con nuestra mente, podríamos tener el control de todos nuestros comportamientos, hábitos, creencias y emociones; es más, ¿cuántas veces te ha pasado que, estando triste o deprimido, sucede algo chistoso y te ríes?, o lo contrario, ¿estando feliz te dan una noticia muy mala y automáticamente cambia todo tu estado de ánimo?. Eso que sucede en esos instantes es una muestra fehaciente de la siguiente premisa: Todos los seres humanos tenemos la capacidad de cambiar de manera instantánea.

Entonces, si eso es cierto, ¿por qué no lo hacemos?. La respuesta es simple: culturalmente hemos asociado un gran dolor a la idea de cambio instantáneo. Si nosotros logramos cambiar un comportamiento, hábito, creencia o emoción de manera instantánea, eso implicaría que no teníamos ningún problema "real", porque los "problemas reales son aquellos que nos cuestan mucho trabajo superar". Si alguien que conoces perdiera a un ser querido o terminara una relación de muchos años y al día siguiente te lo encontraras y lo vieras feliz, ¿qué pensarías?... Si eres como la gran mayoría de personas de nuestra sociedad, es posible que tu primer pensamiento fuera del estilo "se nota que no le quería" o "se nota que no le importaba". Ahora, si esa persona pudiera hablar con ese ser querido (partiendo del hecho que realmente sí quería a la persona que ya no está y que sí le importaba), ¿qué crees que le diría el que se fue al que se queda?. Es más, si fueras tú quien ya no está, ¿querrías que tus seres queridos se quedaran lamentándose y llorando ó preferirías que siguieran con sus vidas y que te recordaran con felicidad?

En nuestra sociedad, hemos vivido una gran parte de nuestras vidas teniendo un enfoque negativo (más adelante ahondaré mucho más en este tema), lo cual ha deteriorado de manera significativa la forma en la que percibimos nuestro entorno y a nosotros mismos (autoestima). Ha sido tan grande el impacto de tener ese enfoque negativo, que la gran mayoría de personas están convencidas que las cosas malas pueden pasar en cualquier instante, pero que todo lo bueno requiere de mucho tiempo, sacrificio, sudor, luchas incansables, etc., para que realmente valga la pena.

Estoy convencido que todo en este universo funciona entre opuestos que, de alguna manera, buscan alternarse en ciclos para mantener un equilibrio. Si algún día vas por la calle hablando por el celular y de pronto pasa alguien y te lo roba, ¿necesitas que te pase lo mismo durante 21 o 28 días para desarrollar el hábito de no hablar por celular mientras vas caminando por ese sector?. Si en otra ocasión has estado trabajando durante muchos días en un informe que debes presentar y, por no levantarte a comer en un sitio diferente terminas dañando tu trabajo, ¿necesitas que te pase eso mismo durante 1, 2 o 6 meses para que generes un nuevo hábito y un nuevo comportamiento?. Si en algún momento alguien te da un billete falso, ¿cuántas veces debe sucederte esto para que desconfíes y comiences a revisar mejor los billetes que te dan?. Así como tenemos la capacidad de generar esos cambios en nosotros de manera instantánea, somos igualmente capaces de generar cualquier otro tipo de cambio.

Nuestra mente es nuestra mejor aliada. Si queremos cambiar algo negativo en nosotros, debemos asociar mucho dolor a esos comportamientos, hábitos, creencias o emociones viejas y mucho placer a las nuevas. Es la manera en la que logramos salirnos de nuestros esquemas y realizamos nuevas asociaciones al interior de nuestra mente. La única manera en la que podemos hacer cambios perdurables en nuestra vida es cuando esa asociación de placer o dolor al interior de nuestra mente cambia. Todos sabemos que la comida chatarra es mala y que comer frutas y verduras es bueno; sin embargo es muy común ver niños, jóvenes y adultos que no incluyen opciones saludables dentro de su alimentación. ¿Por qué?. Simple: A pesar de saber que eso que hacen les puede hacer daño y que eventualmente puede desencadenar en enfermedades, lo ven como algo muy lejano, luego no necesitan cambiar sus hábitos "por ahora"; sin embargo, si una persona que tenga mucha credibilidad para ellos (médico, familiar, alguien que haya pasado por una situación similar, etc.), les dijera: "estás a una hamburguesa de un infarto; cómete esta ensalada para que puedas vivir más tiempo lleno de energía al lado de tus seres queridos", ¿ustedes creen que se comerían esa hamburguesa, o por el contrario, se comerían la ensalada?

Hace algún tiempo una persona me buscó para que lo ayudara a encontrarle un sentido a su vida. Estaba en una época en la cual no se sentía satisfecho con su trabajo y, a pesar de tener lo que se suponía que él había querido desde niño (el trabajo perfecto, la esposa y una hija), no se sentía feliz. Comenzamos a hablar sobre su vida y me contó en qué consistía su trabajo y las sensaciones que le estaba generando esa área en particular: no se sentía motivado, estaba metido en una rutina a la que no le hallaba un sentido y cada día que pasaba se sentía con menos energía. Al indagar un poco sobre sus buenos hábitos me dijo que en estos momentos, por el estrés que manejaba en la oficina, se había descuidado mucho: estaba comiendo a deshoras y de afán, no había vuelto a hacer ningún tipo de actividad física y, adicionalmente, había vuelto a fumar varias veces al día. Tan pronto me contó que fumaba me dijo *"Yo sé que es malo, pero he intentado dejarlo muchas veces y no he podido: probé con parches, cigarrillos*

La Revolución de la Felicidad

electrónicos, hipnosis, y todo me funciona por un tiempo; sin embargo, al cabo de unos días o de unas semanas vuelvo y caigo... Simplemente sé que es algo que me va a acompañar...".

Seguimos hablando y me contó sobre su familia. Me dijo que llevaba casado 8 años y que uno de los sueños que habían tenido con su esposa era tener hijos. Durante varios años intentaron, hasta que finalmente tuvieron una niña. Al hablar de su hija su rostro automáticamente se iluminó. "Se nota que la amas", le dije, a lo que me respondió "Muchísimo. Es mi motorcito. Daría la vida por ella sin dudarlo". Me mostró una foto que tenía en la billetera y me dijo que tenía tres años. "Es una edad muy linda", le dije, "¿Te has puesto a pensar cómo será cuando tenga novio?". Abrió los ojos y soltó una risa. "¡Ja! Que me traiga a esos muchachitos y yo decido si sí pueden ser novios de mi hijita o no". Nos reímos un buen rato y seguimos hablando de cómo espera él que sea la vida de su hija. Al llegar a cuando sea adulta le pregunté si quería que su hija se casara. Me dijo que eso sería algo muy lindo; que se imaginaba cuando su hija formara una familia y que cuando tuviera nietos iba a ser un abuelo alcahueta. Le pregunté si se imaginaba caminando con su hija hacia el altar, acompañándola en su matrimonio. Me dijo que esa era una imagen que había salido en su mente desde el momento en que supo que iba a tener una hija. En ese instante le dije: "Las fotos y los recuerdos de los matrimonios son algo muy preciado... ¿Si te gustaría salir así en las fotos?". Me miró con cara de sorpresa, sin entender muy bien a qué me

70

refería. Seguí, *"Suponiendo que tu hija se case de veinte años, significaría que serían 17 años más fumando al ritmo que vas... ¿Qué implicaciones tendría eso para tu salud?... Ahora, si en vez de casarse a los veinte se casa a los treinta, serían 27 años fumando al mismo ritmo, dado que me dices que es algo que te va a acompañar por el resto de tu vida... ¿Cómo crees que estaría tu salud?. Es más, ¿si estarás todavía para acompañarla?"*. En ese momento su rostro cambió completamente. La alegría que reflejaba hacia unos instantes se había desvanecido por completo. Su mirada ahora mostraba mucha angustia. En ese momento le pedí que cerrara los ojos y se imaginara cómo sería su vida en ese instante si decidía continuar por el camino que llevaba, que viera qué pasaría con su salud si continuaba con esos malos hábitos en su rutina diaria y que finalmente analizara cómo lo hacía sentir todo eso. Fue bastante evidente ver que esa imagen de él en el futuro, o incluso, la posibilidad real de no poder acompañar a su hija en su matrimonio, o no vivir lo suficiente para conocer a sus nietos, lo conmovió.

Le dije que hiciéramos algo, que creía que lo podía ayudar en esos momentos. Le pedí que tomara las fotos que tenía de su hija en la billetera y las pegara en la cajetilla de cigarrillos, en el encendedor y en el estuche en los que los cargaba, y que en la siguiente sesión me contara cómo le había ido.

Al cabo de una semana, en su siguiente sesión, su primera frase hacia mí fue *"Diego, ¿usted qué me hizo?"*. Acto seguido comenzó a contarme las cosas que había vivido durante esa semana. Primero me contó sobre el impacto que había tenido esa visualización sobre su futuro, y de cómo ese dolor lo había sentido muy real. Luego me dijo que cada vez que le habían dado ganas de fumar (por estrés, frío, llenura, cansancio, etc.), al sacar la cajetilla y ver la foto de su hija sonriendo, había vuelto a sentir ese dolor profundo y no había podido fumar. Más adelante decidió "hacer trampa" y compró unos cigarrillos en la calle. Sin embargo, tan pronto sacó el encendedor y vio nuevamente la foto de su hija sonriendo, decidió no fumar. Días después alguien le convidó un cigarrillo y, a pesar de no ver la foto de su hija, tan pronto se lo puso en los labios sintió nuevamente el profundo dolor en su pecho. ¡Había logrado asociar un profundo dolor con el hábito de fumar!. En ese momento lo abracé y lo felicité por ese cambio que había logrado él en su vida. Hicimos una serie de ejercicios para asociar placer con unos hábitos más saludables, para que de esta manera su transformación quedara completa. Nuestra relación de coaching duró seis meses, en los cuales lo vi rejuvenecerse, adoptar nuevos hábitos saludables, darle un sentido a su vida y crecer como persona. Hace poco tiempo recibí un mensaje de él en el que me contó que llevaba aproximadamente un año sin fumar y que, gracias a todo el trabajo que habíamos hecho, su vida había dado un giro de 180 grados: se sentía vital, lleno de energía, veía la vida con otros ojos y cada día que pasaba se sentía más feliz.

Las Necesidades de los Seres Humanos

Hacemos lo que hacemos, creemos lo que creemos y vivimos lo que vivimos porque en algún nivel, sea de manera consciente o subconsciente, sabemos que eso satisface alguna (o varias) de nuestras necesidades como seres humanos. No importa de dónde seamos, cuál sea nuestra cultura, formación, religión, creencias, características físicas, raza, idioma, sexo, todos estamos cableados internamente con las mismas necesidades. La mayoría de personas no logran superar sus problemas porque éstos satisfacen sus necesidades, sin tener que correr ningún tipo de riesgo.

En nuestras vidas enfrentamos dos tipos de riesgos o de problemas: problemas "trascendentales" y problemas "seguros".

Los problemas "trascendentales" son los que incluyen una decisión riesgosa, que muy probablemente nos llevará a otra etapa de nuestras vidas:

- Cambiar de carrera
- Comprometerse en una relación
- Empezar una familia
- Terminar una relación
- Trastearse (cambiar de casa, ciudad, país…)

- Tener una conversación profunda que nos pueda dejar vulnerables
- Confrontar a alguien
- Pedir ayuda

Los problemas "seguros" son aquellos problemas persistentes que están bajo nuestro control:

- Depresión
- Dilación
- Duda
- Adicciones
- Culpar a otros
- Evitar tomar decisiones
- Renunciar a las relaciones

Los problemas "seguros" se llaman así porque aparentemente nos protegen de nuestro miedo al fracaso, el cual es muy común en los seres humanos. Todos estamos "programados" de forma natural para buscar las cosas que nos causan placer o nos dan confort y para alejarnos de las cosas que nos causan dolor o nos generan riesgo.

A largo plazo los problemas "seguros" causan más daño a nuestro cuerpo, a nuestro espíritu y a nuestras relaciones, que lo que podrían causar los problemas "trascendentales".

Cuando las personas se enfrentan a una decisión riesgosa o importante, que no desean tomar, por lo general desarrollan un problema "seguro" que los distrae de tomar esa decisión riesgosa o importante.

Una de las decisiones más riesgosas en la vida de los seres humanos tiene que ver con su relación de pareja... es por esto que, cuando la relación falla, la gente opta por depositar toda su energía en el trabajo, o en los hijos, ya que en cierta medida sienten que eso sí lo pueden controlar; sin embargo, mientras la relación de pareja no sea completa, esa persona va a tener un vacío importante en una gran área de su vida.

Al entrar a hablar de las Necesidades Humanas, aparece el nombre de Abraham Maslow (1908-1970). Maslow fue un psicólogo estadounidense conocido por ser uno de los fundadores y principales exponentes de la psicología humanista. Uno de sus aportes más conocidos es la Pirámide de las Necesidades Humanas (A *Theory of Human Motivation, 1943*), en la que nos dice que el ser humano busca satisfacer sus necesidades en cinco niveles diferentes, y que dichas necesidades se organizan en una jerarquía de la siguiente manera:

En la base de la pirámide se encuentran las **necesidades fisiológicas o básicas** (alimentación, respiración, eliminación, descanso, sueño y las funciones corporales involuntarias que necesitamos para vivir). En el segundo nivel están las **necesidades de seguridad y protección** (seguridad, orden y estabilidad). En el tercer nivel está la **necesidad de amor y pertenencia** (aceptación social, amistad, amor, conexión). En el cuarto nivel está la **necesidad de estima** (éxito y estatus, tanto en la percepción propia como en la percepción que los demás le transmiten). En la cima de la pirámide está la **necesidad de autorrealización**, (alcanzar un estado de armonía y entendimiento). En un trabajo posterior, Maslow añadió un nuevo nivel en la parte superior de la pirámide, correspondiente a la **necesidad de autotrascendencia**, en la cual decía que los seres humanos sólo éramos capaces de alcanzar una verdadera autorrealización si teníamos un propósito superior fuera de nuestro propio ser, a través del altruismo y la espiritualidad.

Un estudio de 2011 realizado por Louis Tay y Ed Diener (*Needs and Subjective Well-Being Around the World*, 2011) demostró que las necesidades humanas planteadas por Maslow eran globales (tras encuestar a más de 60.000 personas de 123 países alrededor del mundo); sin embargo, el orden planteado por Maslow variaba dependiendo de la edad de la persona, su país de origen (situación socioeconómica) y el entorno sociocultural en el que vivía.

Otra persona que ha tocado el tema de las necesidades humanas es Anthony Robbins. Robbins es un autor y conferencista estadounidense conocido por ser uno de los líderes mundiales en temas de autoayuda y fue reconocido por la Escuela de Negocios de Harvard como uno de los "Top 200 Gurúes de Negocios" (*Harvard Business School Press, 2003*).

De acuerdo con Robbins, existen seis necesidades humanas, las cuales, a diferencia de lo planteado por Maslow, no tienen un orden jerárquico, sino que se dividen en dos grupos: las cuatro primeras (certidumbre, variedad, importancia y amor / conexiones) tienen que ver con nuestra personalidad y nuestra interacción con el mundo, mientras que las dos últimas (crecimiento y contribución) tienen que ver con nuestro Ser, nuestra esencia.

PRIMERA NECESIDAD – CERTIDUMBRE:

Durante toda nuestra vida, sea de manera consciente o no, estamos tomando decisiones que van moldeando nuestro destino. Todas esas decisiones las tomamos basados en dos premisas fundamentales: evitar las cosas/situaciones que nos causan dolor y buscar las cosas/situaciones que nos causan placer o nos generan confort.

La certidumbre es tener la certeza de saber qué va a pasar o qué resultado esperar de una situación particular. Es tener la seguridad que las cosas van a salir del modo en que esperamos que salgan. La certidumbre es la que nos da la tranquilidad de saber que hay cosas por la cuales no debemos preocuparnos en determinados momentos de nuestras vidas.

Por ejemplo, si una persona tiene un trabajo estable, el cual le garantiza un ingreso fijo mensual, su nivel de certidumbre con relación a su fuente de ingresos es alto, ya que no va a tener que preocuparse por ese tema (a menos que suceda algo extraordinario); por otra parte, cuando uno decide independizarse e iniciar un nuevo negocio, el nivel de certidumbre con relación a su fuente de ingresos es bajo, ya que al inicio de todo emprendimiento no hay certeza de cuál va a ser el resultado.

Todos necesitamos certidumbre en nuestras vidas. Estamos "cableados" así. La certidumbre está directamente relacionada con nuestra "Zona de Confort". La pregunta es ¿cuánta certidumbre necesitamos?

Imagina por un instante ¿qué pasaría si pudieras tener 100% de certidumbre con tu vida? ¿Si supieras de antemano con exactitud qué va a pasar a cada momento, cada día de tu vida?. Puede que lo disfrutes por un rato, pero al cabo de un tiempo te sentirías extremadamente aburrido. No habría emoción en tu vida.

Nuestra "Zona de Confort" está formada por todas aquellas cosas que componen nuestro día a día, en las cuales ya sabemos de antemano (de manera consciente o subconsciente) cuál va a ser el resultado. Sin embargo, para poder aprender cosas nuevas, conocer nuevos lugares, nuevas personas, buscar un mejor trabajo o una mayor calidad de vida, es indispensable salir de esa "Zona de Confort". Por lo tanto, la calidad de nuestras vidas es directamente proporcional al nivel de INCERTIDUMBRE con el que nos sintamos cómodos.

Segunda necesidad – Incertidumbre/Variedad:

Todos los seres humanos, en menor o mayor cantidad, tenemos una necesidad de incertidumbre, de variedad, de sorpresas. Nosotros necesitamos salirnos de la rutina, hacer cosas diferentes para sentirnos vivos; necesitamos estímulos, lo desconocido. Dado que la variedad se da por un cambio del estado en el que nos encontremos, podemos obtener variedad de formas destructivas (p. ej. adicciones: si estoy estresado consumo algo, cambio mi estado y eso me da la variedad que necesito y el confort que necesito) o de formas positivas (p. ej. enfrentarnos a nuevos retos, buscar nuevas metas). Cuando la gente dice *"la vida es muy aburrida"*, el problema no es de la vida... el problema son ellos, ellos son los aburridos. Te hago una pregunta: Si te encuentras en una habitación sin nada a tu alrededor, ¿qué tanta variedad podrías tener simplemente usando tu cerebro y tu mente?. La variedad está disponible para nosotros en todo momento. Hay gente que prioriza la certidumbre sobre la incertidumbre, por eso sus vidas son más monótonas y cuadriculadas. Hay personas que priorizan más la incertidumbre y variedad, haciendo que sus vidas parezcan una caja de sorpresas.

Gracias a esa necesidad de incertidumbre y variedad es que logramos salir de nuestra "Zona de Confort"; sin embargo, debido a que al salir de nuestra "Zona de Confort" nos enfrentamos a lo desconocido, muchas personas prefieren evitar el riesgo de abandonar su "sitio seguro" y optan por mantenerse en sus rutinas.

Hay una historia que dice que si una persona tiene extensos conocimientos en mecánica automotriz y es experta y hábil en esa área, podría desarmar completamente un vehículo, volverlo a armar sin contratiempos y, una vez armado, podría poner a funcionar el vehículo sin problemas. En cambio, si hay un médico con mucha experiencia en cirugía y que conoce a fondo la anatomía del ser humano, al operarlo para separarlo en las partes más pequeñas posibles y luego volver a unir todo como al principio, ese ser humano no vuelve a "funcionar". Esta característica es una de las razones fundamentales que nos diferencia a los seres vivos de las máquinas; sin embargo estamos viviendo nuestras vidas y estamos llevando nuestro día a día como si fuéramos máquinas; hacemos parte de un engranaje en el cual somos vistos como una pieza reemplazable, haciendo que perdamos el deseo de trascender y de buscar algo más allá.

Tercera necesidad – Importancia:

Todos queremos sentirnos importantes, especiales, únicos. Lo que nos diferencia es la forma en la cual nos queremos sentir únicos. Hay algunas personas que optan por un look en particular, un corte de cabello, un estilo para hablar; otras deciden sentirse importantes a través del estudio y la preparación.

Al igual que en todas las necesidades, tenemos formas positivas (transcender, liderar, mejorar, aprender, etc.) y negativas (arrogancia, violencia, ego, quejarse sin actuar, etc.) de satisfacer nuestra necesidad de importancia.

Hace muchos años conocí a alguien que estaba teniendo serios problemas en su trabajo; su jefe recurría constantemente al maltrato verbal y psicológico con sus empleados, lo que iba deteriorando lentamente el autoestima de todos. Ella sentía que no era valorada y que el trato que estaba recibiendo era completamente injusto. La primera vez que nos cruzamos en una reunión con varios amigos en común, ella compartió su historia con todos, con lo que despertó la empatía y solidaridad de los que nos encontrábamos allí. Recibió comentarios como *"increíble que haya gente así"*, *"no te dejes; demuéstrale de qué eres capaz"*, *"¡que tal ese tipo! Pobrecita amiga"*, etc.. Luego de observar durante un tiempo cómo fluía la conversación, me di cuenta que las preguntas que le hacían estaban enfocadas en reforzar más lo sucedido, en vez de buscar una solución. Cuando llegó mi oportunidad de intervenir le dije:

- *"Es verdad que ésta situación te está afectando... entonces, ¿qué vas a hacer para cambiarla?"*

Estamos en una sociedad en la que se nos premia por quejarnos y se nos critica por actuar. Cada vez que alguien decide hacer algo o tomar las riendas de su vida, siempre habrá otro alguien dispuesto a destruirle cualquier esperanza de éxito, sin siquiera haber comenzado. Socialmente hablando, nos hemos ido condicionando a validar nuestras vidas a costa de la desgracia o mala fortuna en la vida de los demás; por lo tanto, cada vez que una persona decide hacer un cambio radical en su vida (*problemas de calidad*) y salir de su "Zona de Confort", va a encontrar peros y obstáculos en su camino, ya sean externos o internos. Lo importante en ese punto es decidir si esos peros y obstáculos van a ser fuente de inspiración y motivación, o si por el contrario, van a ser fuente de desmotivación e inseguridades.

Piensa en un problema con el cual hayas luchado por algún tiempo o por el cual te hayas quejado. Si has decidido enfocarte en él, pero sin resolverlo, existe una alta probabilidad de que esté satisfaciendo tu necesidad de "importancia".

Toma un momento y piensa en el reto más grande que tengas en tu vida. ¿Es un problema con el que luchas diariamente? ¿Cuánto te cuesta ese problema? ¿Cuál es el impacto de ese problema en tu salud, relaciones y trabajo? ¿Qué pasaría en tu vida si ese problema se resolviera?

CUARTA NECESIDAD – CONEXIÓN Y AMOR:

Nosotros no podríamos ser seres humanos y tener ésta experiencia de vida, si no hubiera más seres humanos a nuestro alrededor. Todo lo que somos, cómo hablamos, actuamos, caminamos, comemos, etc., lo aprendemos a través de la observación de otros miembros de nuestra especie (en la mayoría de los casos, nuestra familia).

Los seres humanos, a diferencia de muchas otras especies del planeta, no podemos valernos por nosotros mismos en nuestros primeros meses de vida, lo que hace que, de manera natural, dependamos de otras personas para poder desarrollarnos y crecer.

La necesidad de sentirnos conectados con los demás, de dar y recibir amor, es algo intrínseco de nuestra naturaleza; sin embargo, con el correr de los años, y marcado por el sistema de creencias que vamos desarrollando y nuestra forma particular de ver el mundo, adquirimos diferentes maneras de satisfacer nuestra necesidad de conexión y amor.

Parte del éxito en la última década de las llamadas "redes sociales" es que apuntan a satisfacer nuestras necesidades de sentirnos conectados e importantes. Inicialmente, en sitios como MySpace o Facebook, se incentivaba a los usuarios a conocer personas y agregarlas como "amigos" (a pesar que nunca se hubieran visto en persona o intercambiado cualquier tipo de comunicación). Era socialmente reconocido que quien tuviera un mayor número de amigos en dichas redes sociales, significaba que era alguien importante o en cierta medida "famoso". Con el surgimiento de Twitter llegó una nueva tendencia:

ya no eran "amigos", sino "seguidores". Habíamos pasado de ser parte de una "comunidad" a convertirnos en "líderes" de opinión. En años recientes comenzaron a introducir el sistema de calificación de las diferentes publicaciones, inicialmente con estrellas (p.ej. YouTube) y luego a través de "Me gusta" o "No me gusta" (lo que comúnmente denominan "Likes"). Ahora la lucha ya no es por número de amigos, sino por "likes": quien tenga más en su publicación significa que recibe una mayor aprobación y aceptación por parte de ese mundo paralelo digital. Entre mayor sea el número de "Likes" quiere decir que estamos conectados con nuestra "audiencia", y entre mayor sea el número de "seguidores" significa que somos más y más importantes.

Pero, ¿qué tan real es esto?

Las redes sociales, como todo en la vida, pueden ser buenas o malas, dependiendo del uso y el enfoque que se les den. Gracias a las redes sociales se han logrado las mayores movilizaciones de personas en los últimos años en pro de una causa (derrocar gobiernos tiranos, oponerse a situaciones de violencia, etc.). Debido a la velocidad con que se puede compartir información, las personas en general están más informadas de lo que sucede en el mundo, y las familias que viven en diferentes lugares del planeta han encontrado una nueva forma de estar en contacto con sus seres queridos. Han sido el punto de reencuentro por excelencia para viejos amigos que por situaciones de la vida se habían alejado con el tiempo.

Sin embargo, es cierto también que las redes sociales generan adicción (para que seamos "adictos" a algo, basta con que ese "algo" satisfaga dos de nuestras necesidades – en este caso, importancia y conexión). En los últimos años ha ido creciendo una tendencia a nivel mundial: a medida que nos "acercamos" más a nuestros "amigos" y "seguidores" digitales, nos estamos alejando más de las personas que nos rodean. Es realmente inquietante y preocupante ver familias, grupos de amigos, compañeros, gente en las calles, en los conciertos, en las discotecas, que no pueden separar sus ojos de sus teléfonos celulares. Hace algunos años, cuando llegaba el cumpleaños de alguien, se celebraba con una fiesta o una reunión; ahora el homenajeado se siente satisfecho si le escriben en sus perfiles de sus redes sociales.

La vida está llena de matices; no todo puede ser blanco o negro, sino que hay toda una escala de tonos intermedios, que son los encargados de darle color a nuestras vidas. Desde mi punto de vista, uno de los mayores problemas de cómo han ido evolucionando las redes sociales, es que nos estamos volviendo una sociedad de extremos, de opuestos, perdiendo todos esos matices que le dan sentido a nuestra vida y a nuestro proceso de aprendizaje en este mundo. Algo "Me gusta", o "No me gusta"... Ya no hay puntos intermedios. Las posiciones cada vez se vuelven más radicales y nos estamos transformando en una sociedad intolerante.

¿Cómo podríamos salir de esas adicciones, de esas energías negativas?

Volviendo a ser fieles a nuestra naturaleza. Nosotros venimos programados para dar amor y compasión a los demás. Hay momentos en nuestras vidas en donde esos sentimientos puros salen a flote, en donde sentimos esa alegría que inunda nuestro pecho y vemos todo con una actitud positiva. En 1996, los investigadores Giacomo Rizzolatti, Leonardo Fogassi y Vitorio Gallese, gracias a su trabajo con monos macaco, hicieron por casualidad uno de los mayores descubrimientos de las últimas décadas en las neurociencias: las neuronas espejo. Las neuronas espejo son una serie de neuronas que se encuentran ubicadas en el cerebro, fundamentalmente en el área de Broca (relacionada con el lenguaje) y en la Corteza Parietal Posterior (vinculada con la planificación de los movimientos) y, de acuerdo con los resultados de diversas investigaciones, serían las responsables del aprendizaje por imitación, de la empatía y la compasión. En las investigaciones se constató que, cuando una persona ve a otra realizando una acción, el cerebro de la primera produce un estímulo nervioso como si fuera ella la que realiza dicha acción. De igual manera se ha demostrado que gracias a las neuronas espejo podemos "sentir" lo que experimentan los demás; es por esto que, por ejemplo, cuando vemos una escena triste en una película, es probable que sintamos esa tristeza, o si vemos que alguien se golpea muy fuerte, nos sobresaltemos por esa acción.

Tenemos muchas maneras de satisfacer nuestras necesidades de amor y conexión. Depende de cada quien elegir una manera que le contribuya y lo ayude a crecer.

¿Cuáles son las maneras en las que sientes conexión? ¿Cómo la sientes: dando, recibiendo o ambas?

¿Qué haces para recibir conexión de los demás? ¿Cómo le das amor y conexión a los demás? ¿Experimentas "amor" regularmente o lo reprimes?

Quinta y Sexta Necesidades - Crecimiento y Contribución:

Éstas dos necesidades están directamente relacionadas con las dos necesidades propuestas por Maslow en la cúspide de su pirámide: Autorrealización y Autotrascendencia.

Cuando hablamos de crecimiento nos referimos a nuestra necesidad de aprender, de avanzar, de seguir evolucionando y no permanecer en el mismo lugar. Es ese impulso el que nos lleva a salir de nuestra "Zona de Confort", que nos ayuda a descubrir y romper nuestros propios límites. Gracias a esa necesidad de crecimiento es que aprendemos a caminar, a comer, a hablar. Es la razón por la cual nos enfrentamos a nuestros miedos y los vencemos. Es el eje que nos impulsa a soñar, a anhelar y sobretodo, a llevar a cabo todas las acciones necesarias para volver esos sueños realidad.

¿Alguna vez te has cuestionado el por qué estás haciendo lo mismo todos los días, como si estuvieras en medio de una rutina sin sentido, de la cual ya no vas a sacar nada?... ¿O tal vez estando en medio de una relación sientes que todo el tiempo están haciendo lo mismo, que toda la vida parece planeada de antemano y ya nada te sorprende?

En mayor o en menor medida, todos hemos pasado por una etapa en nuestras vidas en la cual no nos sentimos satisfechos con una situación particular. Parte de nosotros siente que podríamos estar haciendo algo más, algo que nos llene y nos rete, que nos desafíe y que nos impulse a demostrar de qué somos capaces. Cuando eso sucede, es nuestra necesidad de crecimiento la que nos está pidiendo a gritos que busquemos satisfacerla.

Así como necesitamos crecer laboralmente, profesionalmente y en nuestras relaciones, también experimentamos esa necesidad de crecimiento en nuestra vida espiritual. Sin importar cuál sea nuestra creencia religiosa, los seres humanos a lo largo de la historia hemos tenido la necesidad de entender nuestro lugar y papel en el mundo, de darle un sentido de trascendencia a nuestra vida.

Y así llegamos a la sexta necesidad: Contribución. Como ya lo dije antes, no somos seres individuales; hacemos parte de una sociedad y vivimos en comunidad porque es algo fundamental de nuestra experiencia como seres humanos. La necesidad de contribuir tiene que ver con darle un sentido a nuestra vida más allá de los límites de nuestra propia existencia. Cuando pensamos en contribución, pensamos en nuestro legado: qué queremos dejarle a las personas que nos rodean y a las futuras generaciones, que les ayude en su paso por este mundo.

Alguna vez me crucé con una persona con la que comencé a hablar de este tema. Él estaba completamente convencido que todo lo que uno hace en la vida es únicamente para uno y que lo importante es estar bien, que el resto *"miren a ver cómo se defienden"*. Él no creía en eso del "legado" ni de la "contribución", porque según sus palabras *"todos nacemos solos y morimos solos... las personas solo están cuando lo necesitan a uno, más no cuando uno las necesita"*. Su vida estaba regida por una serie de creencias que lo llevaban a concluir que nada fuera de su propia existencia le debía importar. Sin embargo, tras unos minutos de hablar con él me contó que tenía dos hijos y que si había algo que él les decía era que lucharan por lo de ellos sin que les importara lo de los demás. Conclusión: les estaba dejando esa creencia como legado.

No importa qué tan reacios seamos a la idea de pensar en los demás, en algún momento de nuestras vidas vamos a sentir la necesidad de contribuir, de poner nuestro granito de arena para que algo se lleve a cabo. Lo importante para que esta contribución sea constructiva y nos aporte en

Crea la vida que te mereces

nuestro proceso de aprendizaje constante, es que trascienda nuestro ser, que sea desinteresada y que ayude a los demás a conectarse con su Verdadero Ser.

Como seres humanos tenemos la tendencia a elegir una o dos de las seis necesidades como principales, siendo éstas las que le dan la forma a nuestra vida.

Todos nosotros tenemos situaciones y problemas con los que lidiamos diariamente. Decir que en la vida hay problemas no es ser negativo, es ser realista.

Quiero que te tomes un instante para pensar en tu problema más grande en este momento. Hazte las siguientes preguntas:

- ¿Qué tanto te está afectando este problema a ti y a todos los que te rodean?

- ¿Este problema te está ayudando a crecer o te está destruyendo?

- ¿Qué necesidades y cómo las estás satisfaciendo al tener este problema? (Certidumbre, Variedad, Importancia, Conexión / Amor, Crecimiento, Contribución).

- Si este problema desapareciera, ¿qué pasaría con tu vida?

- Imagina que tu vida es una película. Quiero que saltes hasta la escena en la cual el problema ya no existe. Métete dentro de la película. Quiero que experimentes cómo te sientes al no tener más ese problema. ¿En qué te estás enfocando? ¿Cuáles emociones estás sintiendo? ¿Dónde estás sintiendo esas emociones, en qué parte de tu cuerpo? Quiero que multipliques la magnitud de esas emociones, hasta que finalmente sobrepasen los límites de tu propio ser.

- Ahora quiero que salgas de la escena y te veas a ti dentro de la película. Quiero que empieces a ir hacia atrás en el tiempo y veas cuáles fueron los pasos que diste para poder solucionar ese problema. Estás viendo con absoluta claridad cuál es el camino que debes recorrer para liberarte de ese problema. Regresa hasta este instante en el que te encuentras. Escribe ese plan de acción.

- Si en algún instante sientes que estás recayendo en el problema, ¿qué puedes hacer para salir de ese estado y volver a tu camino?

- ¿Hay alguien en tu vida que te apoyaría en tu decisión de solucionar ese problema? Si sí, ¿cómo puedes asegurarte que esa persona te apoye en el futuro?

RAZÓN 3:
SÉ PRÓSPERO
UTILIZANDO AL MÁXIMO
TUS TALENTOS NATURALES

" El secreto de la felicidad no está en hacer siempre lo que se quiere, sino en querer siempre lo que se hace"

- León Tolstoi

Tus Talentos Naturales. ¿Recuerdas qué son los "Dones y Talentos Naturales"? Son aquellas cosas en las que somos excepcionalmente buenos, en las cuales perdemos la noción del tiempo y las que, cuando las realizamos, nos reafirman como personas y nos causan una gran satisfacción y emoción.

Te propongo un ejercicio, pero necesito de tu plena concentración para que salga bien. Deja de lado tu celular, quita todas las distracciones y ubícate en un lugar en donde no te vayan a interrumpir por los próximos 5 a 10 minutos. Quiero que tomes una hoja de papel y escribas entre 3 y 5 cosas que tú haces en las que los demás te dicen *"ojalá yo pudiera hacer eso así de fácil como tú"*. Piensa en las diferentes áreas de tu vida: puede ser tu agilidad en los deportes, tu capacidad de liderazgo, tu creatividad, tu facilidad para comunicarte o para analizar, tu forma de ver la vida y de afrontar los problemas o la manera en la que te conectas con los que te rodean. En caso que te resulten más de 5, escríbelas. Quiero que hagas un barrido de toda tu vida para este ejercicio.

Ahora quiero que leas las cosas que escribiste y las organices de la más importante a la menos importante, teniendo como criterio de selección qué tanto resuena en tu interior cada una de ellas y qué tanto te reafirma como persona. Léelas detenidamente y analiza si son cosas que te quedan fácil de realizar, si las podrías utilizar en varias áreas de tu vida y si sientes que pierdes la noción del tiempo cuando las estás haciendo.

Si hiciste el ejercicio a conciencia y sin distracciones, tendrás al frente tuyo un listado de las cosas que haces mucho más fácil que los demás, que resuenan con tu interior y que además puedes usar en diferentes facetas de tu vida mientras pierdes la noción del tiempo: Tus Talentos Naturales.

Hay diferentes maneras de encontrar nuestros talentos naturales. El ejercicio que acabas de hacer es una forma rápida de encontrarlos, pero su efectividad está directamente relacionada con tu concentración y reflexión a la hora de realizarlo.

¿Qué tal te pareció el ejercicio? ¿Obtuviste un resultado esperado o inesperado?

Quiero que pienses por un momento en tu ocupación/profesión actual. ¿Amas lo que haces y llevas tu vida de la manera en que la soñaste? Si tu respuesta es positiva, quiero decirte de todo corazón que me alegra muchísimo por ti, porque sé por experiencia propia lo feliz que se puede llegar a ser cuando uno ama lo que hace y vive la vida de sus sueños.

Si tu respuesta fue negativa (o no tan positiva), ¿por qué? ¿Cuál es la razón para que no estés haciendo lo que te gusta? ¿Qué pasó con esa vida soñada?

Durante toda mi vida me he cruzado con ambos tipos de personas: Unos a los que les encanta lo que hacen, no sienten que sea un trabajo porque realmente aman su profesión y además pueden disfrutar de unos buenos ingresos. Para ellos, ir a trabajar los lunes no es un martirio sino, por el contrario, algo que disfrutan. Por otro lado están los que no aman lo que hacen y sienten que su vida está sumida en una rutina sin salida, que ese trabajo que hacen les toca hacerlo para poder tener unos ingresos y que miran con ansias los viernes para poder salir disparados de su lugar de trabajo.

Cuando le digo a las personas *"Si no amas lo que haces, ¿por qué no haces lo que amas? ¿Por qué no buscas que tus ingresos vengan de algo que realmente te llene y te apasione?"*, normalmente obtengo respuestas de este estilo:

- "No hay manera de ganar dinero haciendo lo que me gustaría hacer".

- "Para disfrutar el dinero hay que ganárselo y para ganárselo hay que lucharlo".

- "Eso es imposible".

- "¡Ja! Si me pusiera a hacer lo que me gusta me tocaría sufrir mucho para poder ganar algo de dinero".

- "En el fondo no me importa no amar lo que hago, porque lo hago es por mis hijos / familia".

… entre otras…

¿Conoces personas así? ¿Eres tú una de ellas?

¿Cuál crees que sea la razón por la cual unas personas sí consiguen ganar dinero haciendo lo que los apasiona y otras no?. Si tomamos como base que "Percibimos lo que proyectamos", ¿qué puede estar moldeando nuestra vida y nuestras decisiones y, sin darnos cuenta, haciendo que nos alejemos más y más de esa vida ideal?

Ella era una persona supremamente amargada y depresiva. Estaba sumida en el alcohol y las drogas y cada vez que llegaba a su casa cogía a sus dos hijos, literalmente, de sacos de boxeo. Al interior de esa casa sólo se podía sentir esa gran energía negativa. Debido a su inestabilidad emocional y a sus adicciones, no era capaz de tener un trabajo estable y cada vez estaba más y más metida en deudas, por lo cual intentó suicidarse en más de una ocasión. Un día, mientras estaba bajo los efectos de las drogas, le entró una gran angustia por no tener dinero y decidió salir a robar; sin embargo, una de sus víctimas se le enfrentó y ella le disparó, quitándole la vida. En este momento se encuentra en la cárcel, pagando una larga sentencia por homicidio. Su hijo mayor siguió sus pasos: siendo un adolescente ingresó a una pandilla en la que comenzó a consumir alcohol y drogas, empezó a robar y a ser violento con todo el que se cruzara en su camino, hasta que finalmente terminó en una cárcel encerrado por intento de homicidio. Su hijo menor, sin embargo, tuvo una historia diferente. Terminó de estudiar el bachillerato, consiguió un empleo pequeño y comenzó a ahorrar fuertemente con el objetivo de algún día llegar a estudiar una carrera universitaria. Actualmente tiene su propia empresa, está felizmente casado y es el padre de 2 hijos sanos y felices. No toma alcohol, no fuma, ni tiene ningún tipo de adicción. ¿No es sorprendente cómo terminaron siendo tan diferentes esos dos hermanos, a pesar de haber crecido en el mismo entorno y haber sufrido los mismos maltratos? Cuando se les preguntó por separado cuál había sido la razón para que su vida fuera como es, increíblemente ambos dieron la misma respuesta: *"Con esa mamá que tuve, ¿cómo más podría haber terminado?"*

A nosotros nos han vendido la idea que son el entorno y la sociedad las que moldean nuestras vidas; es más, incluso muchas personas responsabilizan a la "suerte" de los resultados que obtienen. No es cierto. No son las cosas que nos pasan en la vida las que determinan cómo será nuestro camino, sino que son nuestras creencias de qué significan las cosas que nos pasan las que realmente moldean nuestra vida.

No son el ambiente, entorno o los eventos los que definen nuestro camino, sino el significado que le damos a ese ambiente, a ese entorno y a esos eventos. ¿Recuerdas las tres decisiones importantes que nos ayudan a alcanzar la vida que queremos (en qué nos enfocamos, qué significado le damos a las situaciones y qué vamos a hacer al respecto)? Nuestras creencias son las que nos van guiando y determinan cómo tomamos esas decisiones (ya sea de manera consciente o subconsciente).

Todos los seres humanos venimos "programados" para dos cosas: buscar placer/alegría y evitar el dolor/sufrimiento. Nuestras creencias son las que nos dicen qué cosas nos darán ese placer/alegría, qué cosas nos causarán ese dolor/sufrimiento y qué debemos hacer para buscar los unos y evitar los otros.

¿Y cómo se forman nuestras creencias?

Todas nuestras creencias se forman a partir de generalizaciones, ya sean "propias" o "heredadas".

Cuando hablo de generalizaciones propias me refiero a aquellas que son producto de nuestra propia experiencia de vida. Todos los seres humanos podemos llevar la vida que llevamos gracias a las generalizaciones. Imagínate cómo sería tu vida si cada vez que te compras unos zapatos nuevos tuvieras que aprender a amarrarte los cordones, o si cada vez que te subes a un ascensor o tienes que abrir una puerta tuvieras que analizar detenidamente cómo se hace...

Nuestro proceso de aprendizaje está basado en generalizaciones: cada vez que nos enfrentamos a alguna situación nueva, nuestro cerebro elabora una "estrategia" para solucionar eso que se le presenta; luego procede a evaluar la efectividad de dicha estrategia durante las primeras veces que nos enfrentamos a esa situación en particular, hasta que finalmente construye una generalización que nos sirve para solventar tanto esa situación particular, como las que se le parezcan.

Las generalizaciones heredadas las llamo así porque son las que han hecho los demás y nosotros las asumimos como propias de forma subconsciente, sin cuestionarlas.

Las generalizaciones pueden ser muy útiles en nuestra vida, ya que nos permiten interactuar con el mundo de manera más rápida y sencilla gracias a la identificación de patrones.

Sin embargo, las generalizaciones en áreas un poco más complejas de nuestra vida nos pueden inducir a formar creencias limitantes. Por ejemplo, puede que cuando estabas en el colegio se te dificultara aprender las cosas al mismo ritmo que tus compañeros, y en vez de creer que tenías una estrategia de aprendizaje diferente, optaste por creer que no eras inteligente. Tal vez has conocido a muchas personas que decidieron dejar sus trabajos estables para iniciar sus propios negocios y fracasaron, entonces desarrollas la creencia que para poder ganar dinero hay que ser empleado. Quizás has tenido malas experiencias en tus relaciones sentimentales y ahora crees que todos los hombres o mujeres son iguales. De pronto has tenido momentos en los cuales algunas personas te han decepcionado y optas por creer que no se puede confiar en nadie. Tal vez intentaste aprender una nueva habilidad o un nuevo idioma y renunciaste sin alcanzar tu objetivo, con lo cual empezaste a creer que eres incompetente o perezoso, e incluso, dejas de buscar aprender nuevas cosas porque según tú, "¿para qué me meto en eso si nunca termino nada?".

Las creencias son las que nos guían a la hora de tomar decisiones. Son tan poderosas que muchas veces no nos damos cuenta de cómo se va moldeando nuestra vida a partir de ellas. Y acá surge un gran problema de las creencias: dado que nuestro cerebro las construyó a partir de generalizaciones, luego de definida una creencia automáticamente dejamos de cuestionarla y asumimos que es real, sin importar si esa creencia nos aporta o nos limita.

¿Puedes pensar en algo en lo que creías firmemente hace algún tiempo (o algunos años) y que ya no es verdad para ti? Por ejemplo, puede que cuando eras niño hayas creído firmemente en el Hada de los Dientes y, cada vez que se te caía alguno, lo ponías debajo de tu almohada con la esperanza de recibir un premio a la mañana siguiente. O tal vez cuando estabas en el colegio creías que los profesores buenos eran los que no te exigían ni te ponían tareas, pero después te diste cuenta de lo contrario. Quizás creías que la única manera para estar alerta era con un café y un cigarrillo, que para pasarla bien había que tomar alcohol o incluso que si no salías de rumba varios días a la semana querría decir que no tenías vida social…

Todos tenemos diferentes tipos de creencias; hay unas que son específicas a un área o aspecto de nuestras vidas: por ejemplo, si somos buenos con los números o no, si somos ágiles para los deportes o tal vez nuestra habilidad para bailar, cantar o incluso interactuar con los demás. Estas creencias, dependiendo de si son positivas o negativas, nos pueden dar la fuerza suficiente para llevar a cabo esa tarea o, por el contrario, nos pueden limitar de tal manera que incluso decidamos bloquearnos y no hacer nada.

Hay otro tipo de creencias, las cuales definen la manera en la que vemos y enfrentamos nuestras vidas: las creencias globales o generales. Son las creencias relacionadas con nosotros mismos, la sociedad, el entorno, el dinero, el trabajo, la salud y, en términos generales, toda la vida. Este tipo de creencias normalmente vienen de la forma *"yo soy..."*, *"la gente es..."*, *"todos los _____ son..."*, *"el dinero es..."*, *"la religión es..."*, etc., y son las que, sin darnos cuenta (porque no las cuestionamos), van condicionando nuestra toma de decisiones. ¿Alguna vez has dicho o escuchado la frase *"todos los hombres/mujeres son iguales"*? Si eso fuera cierto, ¿cuál sería el sentido de buscar a ese alguien "especial" para compartir nuestra vida?... Las creencias globales definen la forma en la que vemos el mundo y son las que nos limitan o nos llenan de fuerzas para alcanzar lo que queremos. Si una persona tiene una creencia global relacionada con el dinero que dice que *"el dinero es la raíz de todos los males de la sociedad"*, ¿qué tan próspera crees que va a ser su vida?

¿Recuerdas la historia de mi cliente que estaba en unos ciclos de depresión e ira porque no había podido darle un equilibrio a su parte sentimental? Cuando iniciamos el trabajo juntos, ella tenía una creencia muy arraigada en su subconsciente que decía que *"todos los hombres son iguales: siempre llega el momento en el que te decepcionan, te lastiman y te abandonan".* ¿Cuál era su probabilidad de atraer a un hombre que la hiciera feliz si seguía teniendo esa creencia? Cero, o casi cero. Su mente se encargaba de "filtrar" únicamente a los hombres que cumplieran con ese perfil. No quiere decir que no hubiera mejores hombres a su alrededor; simplemente su cerebro los bloqueaba y se enfocaba en aquellos que fueran acordes con lo que ella creía.

Cuando alguien se acerca a pedirme un consejo, por lo general le hago dos tipos de preguntas:

- ¿Cuál crees que es la mejor opción? / ¿Qué crees que va a pasar? / ¿Cuál crees que va a ser el resultado?

- ¿Qué tan convencido estás de eso que me acabas de decir?

Si la persona tiene una creencia limitante y está convencida que es cierta, lo más probable es que el resultado final de esa experiencia sobre la cual está buscando el consejo sea negativo (para poder cumplir con su creencia limitante). Por el contrario si la persona, a pesar de tener una creencia limitante, no está 100% convencida de que sea cierta, automáticamente la probabilidad de obtener un resultado final que contradiga su creencia limitante aumenta significativamente.

Hay una frase famosa de Albert Einstein, que dice que la "locura es esperar un resultado diferente haciendo siempre lo mismo"; yo le agregaría que es "esperar un resultado diferente haciendo y _creyendo_ siempre lo mismo".

Todos tenemos, en menor o mayor medida, creencias limitantes. Nuestra vida podría ser radicalmente diferente si empezamos a cuestionarlas y a reemplazarlas por creencias positivas.

¿Cómo hacemos para cambiar nuestras creencias limitantes?

El primer paso es identificarlas.

Para identificar más fácilmente tus creencias limitantes, quiero que te hagas las siguientes preguntas:

- ¿Qué resultados has obtenido en las diferentes áreas de tu vida?

- ¿En qué áreas esos resultados no están alineados con lo que realmente quieres para ti?

- ¿En qué temas o áreas de tu vida has intentado mejorar pero, sin importar todo lo que hagas o lo mucho que te esfuerces, no lo consigues?

Tus creencias limitantes han moldeado tu vida; han evitado que veas oportunidades que se te presentan o incluso te han desanimado a buscar nuevas cosas. Cuando las identificas, cuando las sacas de su "anonimato", recuperas las riendas de tu destino y vuelves a tener el control de tus decisiones.

¿Cómo podrías identificarlas? Lo primero es preguntarte: ¿qué te dices a ti mismo en esa área de tu vida? Por ejemplo, si tienes problemas en encontrar una pareja, es posible que te justifiques diciéndote *"las mujeres sólo buscan hombres con dinero"*, o *"a los hombres les aterra el compromiso"*... Todas las cosas que te digas a ti mismo para justificar el porqué algo no te está funcionando como quisieras, son creencias limitantes.

¿Y qué tan "ciertas" suenan esas creencias para ti? Es altamente probable que te parezcan perfectamente válidas y que, sin mucho esfuerzo, puedas encontrar muchos ejemplos que te sustenten esas creencias. Sin embargo, esas creencias te están impidiendo alcanzar lo que quieres; por lo tanto, a menos que quieras renunciar a tus objetivos y metas, es necesario cambiar esas creencias limitantes.

Hay ocasiones en las cuales tus creencias limitantes no son tan conscientes o evidentes. Tal vez has aprendido a contrarrestar la generación de pensamientos negativos y eres muy bueno auto motivándote, por lo que no escuchas creencias limitantes en tu cabeza. Pero, si hay sentimientos o emociones negativas en algún área de tu vida, es porque ahí hay creencias limitantes. Por ejemplo, si estás en una etapa en la que no te está yendo bien financieramente,

¿cómo te sientes al respecto?: ¿ansioso?, ¿frustrado?, ¿desolado?... Si permaneces por unos momentos en esa emoción que estás sintiendo, encontrarás la creencia limitante que está justo debajo. Por ejemplo, la ansiedad puede estar diciéndote *"¿qué pensará la gente de mi?"*, la frustración puede ser *"la vida no es justa con las personas como yo"*, y la desolación te puede estar diciendo *"no soy lo suficientemente listo/recursivo/brillante para salir de esta crisis"*.

Quiero que tomes una hoja y un esfero y comiences a escribir todas tus creencias limitantes en las diferentes áreas de tu vida: relaciones sentimentales, dinero, éxito, salud, prosperidad, abundancia, trabajo... Para que este ejercicio funcione debes ser completamente honesto. La idea no es escribir cómo quisieras que fuera la vida, sino cómo ves la vida. No quiero que analices antes de escribir, simplemente escribe.

Tan pronto termines de escribir esas creencias quiero que las leas detenidamente. Confróntalas. ¿Estás convencido que todo eso que escribiste es cierto? ¿Qué emociones o sentimientos te generan esas creencias a medida que las lees?

Ahora quiero que reconozcas que lo que escribiste son *creencias* y no *verdades* y, mientras lo haces, quiero que pienses en uno o más ejemplos en los cuales NO apliquen cada una de esas creencias. Busca en tus recuerdos, en todas las historias que has escuchado, en las cosas que has vivido, en las personas que has conocido y quiero que encuentres esos ejemplos. Es posible que esta parte del proceso se te dificulte un poco más, porque estamos cuestionando y dudando de la validez y aplicabilidad de esas creencias. Este es el punto en el que vuelves a tener el poder de decidir. ¿Qué te interesa más? ¿Defender tus creencias limitantes a muerte o alcanzar tus objetivos y metas?

¡Llegó el momento de cambiar tus creencias limitantes!

Usa tu imaginación y piensa en una creencia que te gustaría tener, que se encuentre alineada con lo que quieres para ti. Por ejemplo, podría ser "gracias a mis relaciones pasadas tormentosas he aprendido qué es lo que debo buscar en una pareja para ser realmente feliz", o "mis crisis financieras pasadas me han dado la experiencia necesaria para poder afrontar lo que se me presente". Pero la idea no es quedarnos sólo en palabras: quiero que te apersones de esas nuevas creencias y que sientas las emociones que te generan.

El último paso es actuar diferente. Quiero que actúes como si tu nueva creencia fuera cierta. Por ejemplo, si realmente aprendiste muchas cosas de tus crisis financieras del pasado, ¿cuáles pasos darías para salir de tu crisis actual?; si tú eres el tipo de hombre que las mujeres desean, ¿cómo actuarías?, ¿cuál sería tu actitud?

Si no actúas diferente, o en el peor de los casos, si no haces nada para reafirmar esas nuevas creencias positivas, volverás tarde o temprano a tus viejas creencias limitantes. No importa si los pasos que das son grandes o pequeños; lo realmente importante es que los des en la dirección correcta.

Nuestro Diálogo Interno: El Poder de las Preguntas

Todos los seres humanos tenemos a nuestro alcance la mejor herramienta, la más poderosa y que posee un poder ilimitado: nuestro pensamiento. Todas las teorías de cómo funciona el mundo, todos los aparatos y avances tecnológicos que hacen parte de nuestro día a día, tuvieron su origen en el mismo lugar: la mente humana.

Quiero que mires a tu alrededor. Todo lo que ves, tu ropa, el sitio en el que te encuentras, los materiales con los cuales están hechas las cosas, e incluso éste libro... todo aquello que no es producto de la naturaleza ha sido concebido en alguna mente, es el resultado del pensamiento de alguien y ha sido creado a partir de un proceso que, a simple vista, parece sencillo: hacer preguntas.

Cada vez que nos hacemos una pregunta nuestra mente hará su mejor esfuerzo por brindarnos una respuesta. Si lo piensas detenidamente te darás cuenta que todas las decisiones que tomas, bien sea para hacer o dejar de hacer algo, inician con una pregunta en tu mente – "*¿Qué ropa me pongo?, ¿será que lo llamo?, ¿a dónde vamos de vacaciones?, ¿qué quiero comer?, ¿vale la pena arriesgarse?*", etc.. Las respuestas a todas las preguntas que nos hacemos van formando y están determinadas por nuestro sistema de creencias. Por ejemplo, a la pregunta

"¿Qué ropa me pongo?" la respuesta va estar definida por lo que creamos que se ajusta a nuestras necesidades en ese instante (¿Qué tan elegante debo ir?, ¿qué tan frío o caliente está el día?, ¿qué impresión quiero causar?, etc.). Como te puedes dar cuenta, de cada pregunta que nos hacemos comienzan a surgir muchas más y más preguntas... Así funciona nuestro pensamiento.

Nuestra mente es nuestra mejor aliada y hará todo lo posible para que nuestras preguntas tengan respuesta y para que nuestras creencias tengan fundamento. Siempre buscará que seamos coherentes...

Todos (o bueno, casi todos) conocemos a alguien así: tan pronto hay que salir de la casa, automáticamente se le refunde algo (celular, llaves, gafas, billetera, etc.). A medida que esa persona busca desesperadamente por todo lado, sin encontrar, por ejemplo, el celular, normalmente le escuchamos repetir *"¡No encuentro mi celular por ninguna parte! ¡No lo veo! ¡Alguien que me ayude a buscarlo!"*. Al ver que realmente no encuentra el celular, decidimos ayudarle. Internamente comenzamos a preguntarnos *"¿Dónde lo podrá haber dejado? ¿En dónde estará el celular?"*. Al cabo de muy poco tiempo encontramos ese celular y, en la gran mayoría de los casos, estaba en un lugar en donde la otra persona ya había buscado. ¿Por qué pasa esto? ¿Por qué si esa persona ya había mirado y buscado en ese sitio, no lo había visto? La razón tiene que ver con nuestro diálogo interno y nuestra mente. A nuestro cerebro no le gusta llevarnos la contraria, entonces siempre hará su mejor esfuerzo para mostrarnos el mundo de la manera en la que lo queremos ver. Esa persona se la pasó repitiéndose que no encontraba el celular por ninguna parte y que no lo veía, entonces su mente se encargó de bloquear la imagen del celular para poder seguir siendo coherente con su creencia en ese instante. ¿Y qué pasó cuando decidimos ayudar? ¿Qué tan diferente fue nuestro diálogo interno?... ¡Fue radicalmente diferente! En vez de concentrarnos y repetirnos que no lo veíamos, decidimos preguntarnos en dónde lo podría haber dejado, lo que hizo que nuestro cerebro se pusiera a buscar opciones, alternativas, respuestas... El resultado: fuimos capaces de verlo.

Si esto pasa con algo tan simple como un celular, unas llaves o una billetera, ¿qué crees que puede estar pasando con tus relaciones, tu trabajo, tu familia o tus ingresos?. Cuando no te salen las cosas como quisieras, cuando te enfrentas a algún obstáculo, ¿cuál es tu tendencia? ¿Decides preguntarte qué hiciste mal y por qué no te salen las cosas, o por el contrario, buscas qué puedes aprender de eso que te está sucediendo?

Durante mi vida he conocido muchísimas personas exitosas, a quienes todo parece fluirles de manera natural. Incluso acá hay un dicho que es *"plata llama plata"*, haciendo referencia a que sólo las personas con dinero pueden aspirar a aumentar su riqueza. ¿Qué implica esta creencia?. Primero, le estamos diciendo a nuestra mente que si nosotros no pertenecemos a ese "selecto" grupo de gente con dinero, jamás podremos aspirar a tenerlo; segundo, implícitamente estamos ordenándole a nuestra mente a que bloquee cualquier tipo de oportunidad que se nos pueda estar presentando, porque "como no tenemos dinero" eso no es para nosotros; y finalmente, al preguntarnos el por qué no nos salen las cosas o por qué no encontramos oportunidades, terminaremos auto reforzándonos la creencia anterior con nuestras propias respuestas: "*porque eso sólo es para la gente con dinero*", "*por pobre*", "*porque no me lo merezco*", etc..

"Sé próspero utilizando al máximo tus talentos naturales". ¿Qué tan descabellado puede ser esto? ¿Recuerdas que en este capítulo te conté que cuando le digo a las personas: "*Si no amas lo que haces, ¿por qué no haces lo que amas? ¿Por qué no buscas que tus ingresos vengan de algo que realmente te llene y te apasione?*", normalmente obtengo respuestas negativas? ¿Ya te diste cuenta por qué pasa eso?

A todas las preguntas que nos hagamos (o que nos hagan) nuestro cerebro dará una respuesta. Si la pregunta tiene un enfoque negativo, inevitablemente la respuesta será negativa; por el contrario, si la pregunta tiene un enfoque positivo, la respuesta vendrá llena de posibilidades, opciones y alternativas.

Ahora quiero que cambiemos esas preguntas…
Si no amas lo que haces, ¿cómo puedes hacer para que tus ingresos vengan de eso que te apasiona? ¿Cómo puedes

ganar el dinero que quieres utilizando al máximo esos talentos naturales que descubriste? ¿Qué sentirías si haces lo que amas? ¿Qué tan diferente sería tu vida si sintieras que cada cosa que haces te reafirma más en tu interior? ¿Qué pasos puedes dar a partir de hoy para lograr esa prosperidad, al mismo tiempo que sigues siendo fiel a ti mismo? ¿Cómo puedes saber que has alcanzado esa felicidad que buscabas?

En este mundo se puede ganar dinero de cualquier manera. No importa cuál sea tu talento, si le das un enfoque positivo y buscas contribuir, experimentarás sensaciones de felicidad y plenitud. Una vez descubiertos tus talentos naturales es importante que creas que sí es posible tener la vida que quieres gracias a ellos. Pero lo más importante al final del día es hacer las cosas; de nada nos sirve que seamos supremamente talentosos en algo y que estemos convencidos que podemos ganar dinero con eso, si no hacemos algo al respecto. Y no es hacerlo una sola vez; la única manera para obtener resultados es a través de la constancia y la disciplina. Los japoneses tienen una frase que dice *"la disciplina siempre vencerá a la inteligencia"*... ¿Te imaginas todo lo que podrías lograr si explotas al máximo tus talentos naturales de manera consistente?

RAZÓN 4:
VIVE FELIZ
Y EN PAZ CONTIGO MISMO

" La felicidad no tiene que ver con lo que tú tengas o no tengas. La felicidad tiene que ver con lo que tú eres "

- Osho

En los últimos años ha venido creciendo una tendencia en el mundo, la cual cada vez coge más y más fuerza y, cuando lo pensamos detenidamente, vemos que está fundamentada en una creencia que surge a partir de los avances tecnológicos. Me explico: gracias a la aparición de los computadores, la humanidad ha logrado avanzar a un ritmo cada vez mayor; los cálculos y operaciones que antes nos eran muy difíciles o demorados, ahora se realizan en fracciones de segundo. Hemos sido capaces de recrear mundos imaginarios en películas y videojuegos, de agilizar, optimizar y automatizar muchos procesos que antes eran manuales, lo cual genera una gran reducción de costos, a la vez que aumenta ostensiblemente la productividad. Entre más avanza la tecnología, los procesadores internos de los diferentes aparatos son capaces de realizar labores cada vez más complejas y de manera más eficiente.

Inicialmente, los diferentes aparatos fueron desarrollados para cumplir con una función a la vez; sin embargo, a medida que pasaron los años y la tecnología fue avanzando, comenzó a surgir la necesidad de que dichos aparatos realizaran de manera eficiente varias tareas o procesos al mismo tiempo (lo que en inglés se conoce como *multitasking*). Esta capacidad de hacer varios procesos al tiempo es algo fundamental a la hora de evaluar la potencia, eficiencia y productividad, cuando hablamos en términos de tecnología.

A partir de esto surge en nuestra sociedad la siguiente relación:

"Capacidad de hacer varias cosas a la vez"

=

"Más eficiencia y Más productividad"

Debido a que constantemente estamos siendo bombardeados con mensajes e información reforzando esa relación, colectivamente comenzamos a creer que eso es cierto y, más aún, que también debería aplicar a nosotros.

A medida que las personas van creciendo profesionalmente y se van volviendo más "exitosas", el ser "multitarea" se volvió un requisito indispensable. Si adicionalmente tomamos como base la creencia popular que dice que *"el tiempo es oro"* (para referirnos a que no hay que perder el tiempo), parece aún más claro que entre más "multitarea" seamos va a ser mejor... ¿o no?

Estudios recientes han encontrado que al esforzarnos por ser "multitarea" estamos siendo menos productivos. De hecho, al analizar más profundamente lo que está sucediendo en nuestra mente, nos damos cuenta que lo que realmente estamos haciendo es cambiar constantemente de actividades, creyendo que las estamos haciendo al tiempo.

Te pongo un ejemplo: ¿Alguna vez te ha pasado que estás redactando un e-mail y de pronto llega alguien a hablarte? Si decides seguir escribiendo mientras escuchas y hablas con la otra persona es muy probable que hayas terminado escribiendo en el mensaje lo que estabas hablando (o viceversa). Otro caso típico es cuando estamos usando nuestro celular o computador mientras vemos televisión: llega un punto en el que nos metemos tanto en alguna de las dos actividades que le perdemos el hilo a la otra por completo (normalmente no sabemos que está pasando en el televisor).

Cada vez que nosotros decidimos ser multitarea, realmente estamos limitando nuestra capacidad de prestar atención y concentrarnos en un tema específico, lo que desencadena en una disminución drástica de nuestra productividad. No sé si alguna vez te ha sucedido (por lo menos a mí sí), que hayas tenido momentos en donde tuvieras que hacer varias cosas ¡para ya!: hay que terminar un informe, pagar unos recibos, comer algo, preparar una presentación... en fin... la lista puede ser tan larga o corta como prefieras. Lo que normalmente hacía era escribir un listado de mis actividades pendientes, para organizarlas dependiendo del nivel de urgencia. Hasta ahí todo iba bien. Sin embargo, sólo era abrir mi correo electrónico o contestar una llamada para que toda mi planeación se derrumbara. Cada vez que llegaba un mensaje debía hacer uso de mi (supuesta) habilidad multitarea para sacar todo al tiempo. El resultado: cada vez que cambiaba mi enfoque necesitaba volver a concentrarme, causándome pérdidas de tiempo que al final del día se traducían en estrés, dolor de cabeza y, la gran mayoría de ocasiones, en no haber terminado las cosas que tenía planeadas para ese día.

Otra área que se está viendo afectada enormemente en la actualidad es la de nuestras relaciones sociales y sentimentales. En nuestro afán de ser multitarea hemos llegado a tal punto de crear una barrera que nos impide relacionarnos con los demás de manera natural. Aclaro: no estoy en contra de los avances tecnológicos. Sin embargo, sí estoy convencido que en nuestro afán de estar "conectados" con la mayor cantidad de personas en el plano virtual, nos estamos desconectando cada vez más de los que nos rodean en el plano real. En lo personal encuentro muy triste ver a parejas o grupos de amigos sentados en una mesa "compartiendo " un rato juntos, pero cada uno con los ojos puestos en su teléfono celular. Si alguno está contando una historia, es altamente probable que los demás no recuerden con facilidad qué les estaban diciendo, lo que podría ser interpretado por parte del interlocutor como desinterés.

De hecho, una de las cosas que más me causa curiosidad es el ver que las personas creemos ser muy buenos para realizar varias actividades a la vez; sin embargo, esto no es del todo cierto y, para mostrártelo, quiero que pienses en el siguiente escenario (o que hagas la prueba con alguien): Dile a una persona que revise su celular (puede ser su perfil en redes sociales o que vea algún vídeo por internet) y, mientras lo hace, pídele que te cuente con detalle cómo le fue durante el día. Vas a ver cómo se va a reducir considerablemente su capacidad de hilar una conversación contigo, viéndose obligada en repetidas ocasiones a quitar su vista del celular. Si realmente fuéramos multitarea, podríamos hacer esas dos actividades (o incluso más) sin ningún tipo de problema.

Otro momento de nuestro día en el que nos forzamos a ser "multitarea" (con consecuencias negativas bastante evidentes) es durante las comidas. Es muy común ver a las personas haciendo alguna otra actividad mientras ingieren alimentos (ver televisión, leer un libro o un periódico, trabajar en el computador, revisar el celular, hablar con más personas, etc.). Al hacer esto, estamos (muchas veces sin querer) impidiéndole a nuestro cerebro procesar de manera correcta las señales que envía el estómago de cuándo debemos dejar de comer, por lo cual generalmente tenemos la tendencia a comer de más (originando los subsecuentes problemas de salud y sobrepeso).

¿Cuál sería la solución? Es bastante simple: Concéntrate en el presente y busca hacer una sola cosa a la vez.

Cada vez que emprendas una tarea, haz tu mejor esfuerzo para llevarla a feliz término, sin interrupciones, ya que te permitirá aprovechar tus niveles de concentración.

Ahora, volviendo a nuestros ejemplos anteriores, si estás escribiendo un mensaje de correo y alguien llega a hablarte, vas a ser muchísimo más productivo y eficiente si suspendes una de las dos actividades para concentrarte en la otra, en vez de intentar hacer ambas al tiempo (aunque si buscas ser productivo, procura que esas interrupciones sean la excepción y no la regla).

Refuerzo positivo: Enfoque positivo

Los seres humanos nos hemos condicionado socialmente para no vivir en el presente. Nos pasamos la mayor parte de nuestro día (por no decir todo) aferrados emocionalmente a las cosas que nos sucedieron (nuestro pasado) y preocupándonos por las cosas que van a suceder (nuestro futuro).

¿Alguna vez lloraste en el colegio?... Tal vez algún profesor te regañó, o alguien te lastimó y eso te causó en su momento un gran dolor...

¿Lloraste cuando lo recordaste? Si el episodio no fue traumático para ti, es muy probable que lo hayas recordado sin derramar una sola lágrima. ¿Quiere decir esto que ese momento no fue duro? No, no es eso en absoluto. Lo que esto demuestra es que lograste desprender esa gran carga emocional a un evento doloroso de tu pasado, con lo cual puedes ver que SÍ eres capaz de hacer eso. Entonces, la pregunta clave sería: si somos capaces de desprender la carga emocional de nuestro pasado, ¿por qué no lo hacemos siempre? ¿Nos sirve de algo tener rencor, resentimiento, odio, angustia, o dolor guardados en nuestro corazón?

Muchas veces vamos por la vida con una gran carga, la cual va cambiando lentamente la forma en la que percibimos el mundo. Esa carga emocional, sin darnos cuenta, va formando en nuestra mente creencias limitantes que influyen en nuestras decisiones y van moldeando nuestro destino. A mayor carga emocional negativa, tendremos la tendencia a tener un enfoque negativo y veremos la vida como un sinfín de problemas sin solución, con los cuales nos toca acostumbrarnos a vivir.

La vida pasa. Las cosas que van a suceder en la vida suceden. Obviamente la vida tiene obstáculos y, al reconocer eso, no quiere decir que seamos pesimistas. Independientemente de las cosas que acontezcan, siempre tenemos dos opciones: las disfrutamos o nos amargamos. ¿Cómo podemos disfrutarlas? Viéndolas como oportunidades de aprendizaje. A lo largo de mi vida he conocido muchos casos de personas que han empezado desde bien abajo (en la pirámide social) y han llegado hasta la cima, así como también he conocido muchos casos de personas que han iniciado en lo más alto de la pirámide y han terminado completamente derrotados. ¿Conoces casos así? Popularmente nos han vendido la idea que dependiendo de nuestro círculo social y de nuestra situación socioeconómica, nuestra vida va a seguir ciertos patrones preestablecidos, con lo que en teoría "los ricos cada vez serán más ricos y los pobres cada vez más pobres". Es más, tenemos una serie de dichos populares que nos refuerzan esa teoría constantemente, como el famoso "plata llama plata" (haciendo alusión a que sólo las personas con dinero tienen la capacidad de atraer más dinero). Pero, ¿qué tan cierto es eso? ¿Será que realmente no tenemos ningún tipo de oportunidad de cambiar ese "destino preestablecido"?

La respuesta es que sí podemos cambiarlo. Cada uno de nosotros contamos con la herramienta más poderosa que existe, y con la cual, podemos alcanzar lo que queramos: nuestra mente.

¿Y cómo hacemos para usar nuestra mente a nuestro favor, en vez de seguir auto saboteándonos?

Luego de varios años de estudiar diferentes conceptos, técnicas y herramientas, y después de trabajar con cientos de personas de diferentes partes del mundo, me di cuenta que si queremos usar nuestra mente como ayuda para alcanzar lo que queramos, debemos concentrarnos en tres áreas fundamentalmente:

1. Nuestro lenguaje

   El éxito de una persona viene determinado en gran medida por la forma como expresa sus pensamientos. A lo largo de este libro te has dado cuenta la importancia que tiene el lenguaje que utilizamos en la forma en la que percibimos el mundo. Cada palabra que decimos, cada frase que pensamos y cada pregunta que nos hacemos, dirigen nuestro enfoque para que sea positivo o negativo, y con cada una de ellas, vamos creando creencias positivas o creencias limitantes.

2. Nuestra postura

Para la mayoría de personas no es un secreto que nuestra postura (o nuestro lenguaje corporal) determinan la manera en la que los demás nos perciben. Sin embargo, en los últimos años se ha comenzado a estudiar si ese lenguaje corporal también podría estar influyendo la manera en la que nos percibimos a nosotros mismos. Estudios recientes han demostrado que la postura que asumimos tiene una relación directa con la producción en nuestro cuerpo de testosterona y cortisol. Cuando asumimos posiciones ganadoras y fuertes la producción de testosterona aumenta, a la vez que bajan los niveles de cortisol, lo cual hace que nos sintamos con energía, positivos y llenos de confianza. Por el contrario, cuando asumimos posiciones débiles o de derrota, aumenta considerablemente la producción de cortisol, al tiempo que disminuyen los niveles de testosterona, haciendo que nos sintamos débiles, estresados, angustiados y llenos de temor.

3. Nuestro enfoque

¿Recuerdas que al principio de este libro hablamos sobre los cuatro pilares de la vida? El primero de ellos, "percibimos lo que proyectamos", tiene que ver mucho con nuestro enfoque. Todos los seres humanos venimos programados para tener un enfoque positivo, ver lo bueno de las cosas y experimentar sensaciones agradables y emociones enriquecedoras a lo largo de nuestra vida y, sin importar las situaciones que hayamos vivido, hay momentos en los cuales nos conectamos con esa naturaleza positiva. Por ejemplo, no he conocido hasta el momento a nadie (y espero no conocer a alguien así), que cuando ve que un bebé está aprendiendo a caminar y se levanta para dar sus primeros pasos, lo mire y le diga:

- "Mira, la verdad deberías seguir gateando... Eso de caminar no es para ti. Fíjate que diste dos pasos y te caíste; mejor sigue haciendo lo que venías haciendo, antes que te lastimes o rompas algo..."

Ni tampoco he conocido a alguien que reaccione así:

- "¡Pero si será tonto! ¡A ver! ¿Qué tan difícil puede ser dar dos pasos, ah? ¡Coordine! Definitivamente hay gente que no sirve para nada..."

¿Qué tan descabellado suena esto? En lo personal me parecería terrible decirle eso a un bebé que apenas está dando sus primeros pasos. En cualquiera de estos dos escenarios lo más probable es que ese bebé no vuelva a levantarse del suelo y que su deseo de caminar y aprender cosas nuevas se vea completamente truncado.

Entonces, ¿por qué hacemos eso con nosotros mismos? ¿Por qué nos convencemos que ante el primer fallo lo mejor es seguir como veníamos?. O peor aún, ¿por qué nos tratamos mal y subestimamos nuestra capacidad de alcanzar nuevas cosas?

Volviendo al ejemplo del bebé, ¿cuál es nuestra reacción natural? Lo usual es que lo felicitemos y le hagamos un refuerzo positivo: "¡Muy bien! ¡Ánimo! ¡Lo estás haciendo muy bien!", mientras lo llenamos de abrazos y afecto. Todo ese refuerzo positivo hace que el bebé se llene de confianza y se concentre en las cosas que está haciendo bien, hasta que finalmente aprende a caminar. De hecho, si nos ponemos a pensar, el aprender a caminar es un proceso que puede tomar varios meses; sin embargo, es ese refuerzo positivo el que mantiene al bebé con el ánimo de seguir practicando hasta perfeccionarlo.

Y si nosotros venimos "programados" para dar refuerzo positivo y tener un enfoque positivo, ¿en qué momento cambia eso? ¿Por qué como adultos tenemos la tendencia a ver las cosas malas antes que las buenas? ¿En qué momento nos volvimos tan intolerantes a las equivocaciones, desconociendo su valor en los procesos de aprendizaje?

Tengo una teoría, basada en mi experiencia de vida: Cuando estaba en preescolar, tuve mi primer encuentro con las tareas. Nos ponían a recortar cosas, pintar, colorear y a interactuar con los diferentes útiles escolares, de tal manera que fuéramos desarrollando nuestra motricidad fina. Como parte del proceso de aprender a escribir nos ponían a hacer planas de bolitas, palitos, rayitas, espirales, etcétera. Digamos, por ejemplo, que me pusieron a hacer una plana de bolitas y que de 100 que cabían en la plana, me quedaron 98 bien y 2 me quedaron mal... ¿Cuáles me señalaba la profesora, las 98 que estaban bien o las 2 que estaban mal?, y ¿con qué color las señalaba?. En mi caso, me señalaban las que estaban mal y lo hacían con color rojo. A partir de ese momento sucede un cambio en nuestra mente: ya no es importante enfocarnos en lo que estamos haciendo bien (no está señalado), sino que debemos enfocarnos en lo que hacemos mal (está resaltado con rojo). ¿Qué crees que sucede con la confianza y la autoestima de un niño cuando se enfrenta a ese nuevo escenario?. Ojo, no estoy diciendo que no se deban corregir los errores. Lo que quiero decir es que nuestros errores NO deben ser en lo que nos enfocamos, porque eso a la larga nos convierte en personas negativas, pesimistas y sin deseos de aprender o superarnos (recuerda el ejemplo del bebé que aprende a caminar).

¿Cuál sería la manera de hacer correcciones manteniendo el enfoque positivo?

Imagina que eres empleado en una oficina y tu horario de ingreso es a las 7:30 a.m.. Eres una persona cumplida y responsable y, a pesar de vivir lejos de tu lugar de trabajo, te esfuerzas por cumplir con tu horario y llegar siempre antes de la hora de ingreso. De pronto un día, por algún motivo, llegas tarde y justo ese día tu jefe te estaba buscando para pedirte una información importante. Cuando finalmente se cruzan, lo primero que hace tu jefe es regañarte por haber llegado tarde, haciendo especial énfasis en que definitivamente no se puede contar con las personas, que tu obligación es siempre llegar a tiempo y que es una falta de respeto que quieras incumplir las normas a tu antojo. Luego de ese encuentro te diriges a tu puesto de trabajo, mientras en tu mente repites la frase "pero es la primera vez que llego tarde... Yo siempre llego temprano". A partir de ese momento tu actitud comienza a cambiar: si tu autoestima es alta, piensas que es injusto que por una falla te hayan caído encima de esa manera y no sientes que valoren tu compromiso con tu trabajo; por el contrario, si tu autoestima es baja, piensas que eres un mal empleado y que como persona dejas mucho que desear. La relación con tu jefe comienza a deteriorarse, lo que a la larga se convierte en infelicidad para las dos partes.

Ahora imagina este otro escenario: tu jefe, al ver que llegaste tarde te llama a su oficina. Antes de pedirte alguna explicación, inicia la conversación así:

- "Buenos días. Antes que nada quería hacerte un reconocimiento porque eres una de las personas más puntuales de esta oficina. Tu compromiso es algo muy importante para nosotros y considero que tu trabajo habla muy bien de ti. Hoy te estuve buscando porque necesitaba una información, pero me di cuenta que no habías llegado... ¿Pasó algo?".

Luego de dar las explicaciones del caso, tu jefe te diría:

- "Listo, comprendo la situación. La próxima vez que veas que no alcanzas a llegar a tiempo, por favor comunícate con nosotros, para saber que no ha pasado nada grave. Y recuerda que acá valoramos mucho tu compromiso y responsabilidad."

¿Cuál crees que sería tu reacción? ¿Sería diferente en los dos escenarios? ¿Ves el valor del refuerzo positivo y cómo podrías usarlo en una situación del día a día?

Cuando nosotros decidimos enfocarnos en las cosas positivas, la probabilidad de generar cargas emocionales negativas a partir de las situaciones y los acontecimientos disminuye radicalmente, con lo que nuestra vida va a ser más feliz y tranquila.

Cambiar de Enfoque: El poder del Agradecimiento

Una de las cosas que aprendemos cuando niños es a decir "gracias" y a responder "de nada" o "con mucho gusto". Inicialmente nos explican el proceso de agradecimiento como una muestra de educación y respeto por los demás. Sin embargo, el verdadero poder del agradecimiento va más allá. Cuando somos agradecidos nos enfocamos en lo bueno de las cosas, incluso en situaciones inicialmente negativas.

Un claro ejemplo de esto son las mamás y las abuelas. Muchas veces cuando algo malo nos ha sucedido, ellas nos ayudan a ver las cosas desde una perspectiva diferente:

- "¿Te robaron?... ¿Pero, estás bien?... Gracias a Dios estás bien y no te pasó nada..."

La principal ventaja que tiene el agradecimiento es, por lo tanto, ayudarnos a cambiar del enfoque negativo en el que nos acostumbramos a vivir, hacia una visión más positiva de la vida.

Con mis clientes utilizo un método para ayudarlos a desarrollar o fortalecer el hábito de ser agradecidos, con el objetivo de acompañarlos en su proceso de cambio de enfoque. Este método los ayuda, en un período corto de tiempo, a volverse mucho más positivos y, por ende, a disfrutar más de sus vidas.

El método consiste en comenzar a escribir un *"Diario de Agradecimiento"*. La idea de este diario es que la persona escriba al final del día todas aquellas cosas o situaciones por las cuales está agradecida y que sucedieron ese día en específico. Luego de escribirlas, lo ideal es que las vuelva a leer y que experimente nuevamente esas emociones por las cuales está agradecida. Si la persona se compromete a llevar ese diario y a hacer ese ejercicio consistentemente, con el paso de los días irá cambiando su enfoque y comenzará a experimentar nuevas sensaciones de felicidad y plenitud con su vida.

¿Y por qué funciona esto?

Cuando nos sentamos a escribir nuestros agradecimientos, hacemos que la mente se concentre en recordar las cosas que nos pasaron durante ese día. Hasta ahí no habría nada diferente a lo que normalmente hacemos cuando hablamos con nuestras parejas, familiares o amigos. El cambio radica en que para ser agradecidos, nuestro enfoque va a ser ver el lado bueno de todo (en vez de quejarnos de las cosas malas que nos pasaron, que es lo que normalmente haríamos). Cuando terminamos de escribir los agradecimientos y los leemos nuevamente, esa emoción que experimentamos nos ayuda a anclar ese nuevo hábito (ser agradecidos) con esas sensaciones positivas. Lo que comienza a suceder a medida que pasan los días es que subconscientemente vamos a empezar a buscar cosas en nuestro día por las cuales podamos ser agradecidos en la noche, ya que queremos seguir recibiendo esa "recompensa" (las sensaciones positivas). Al cabo de un tiempo, las personas que nos rodean comenzarán a notar un cambio en nosotros: nos verán mucho más alegres, positivos y nos iremos transformando en generadores de soluciones.

Muchas personas saben lo importante que es el ser agradecidos. Sin embargo, lo que algunos desconocen, es que es igualmente importante saber recibir los agradecimientos.

Hace algún tiempo estaba hablando con una señora que se acercó a mi a contarme sobre sus problemas. Sentía que tenía un gran peso encima, que debía hacer muchas cosas y que nadie agradecía todo ese esfuerzo que ella hacía. Su percepción era que tanto su esposo como sus hijos no la valoraban y sentía que iba a colapsar. Luego de hablar un rato con ella, identifiqué un patrón de lenguaje que es muy común en nuestra sociedad: cuando estábamos en medio de la conversación se me cayeron al suelo unas hojas; ella se apresuró a recogerlas, por lo cual le di las gracias. Su respuesta inició con un "NO"...

- "No, tranquilo"...

Continuamos con la conversación y le agradecí por haber compartido conmigo sus historias. Su respuesta nuevamente inició con un "NO":

- "No, muchas gracias a usted por escucharme"...

¿Recuerdas que nuestra mente es nuestra mejor aliada y que siempre buscará que seamos congruentes? ¿Qué crees que pasará en la mente de las personas cuando, al recibir un agradecimiento, lo primero que responden es "NO"?

"NO" es una palabra muy poderosa. El impacto que puede causar en nuestra vida, muchas veces sin darnos cuenta, es bastante grande. Quiero que te tomes un instante y pienses en este momento si inicias tus respuestas con un "no". Por increíble que parezca, durante la mayor parte de nuestras conversaciones habladas, usamos la palabra "no" como muletilla, o en su defecto "no sé" como respuesta automática:

- "¿Cómo te fue hoy?"
- "No, me fue bien."

- "Muchas gracias."
- "No, no hay de qué."

- "¿Qué tal la reunión, estuvo interesante?"
- "Si, no, salió todo muy bien."

- "¿Qué quieres hacer?"
- "No sé. Quiero que salgamos."

Cada vez que utilizamos un "no" como respuesta, estamos diciéndole a nuestra mente que niegue lo que acaba de suceder o lo que nos están diciendo. Asimismo, cuando utilizamos un "no sé" para responder a una pregunta, automáticamente le estamos diciendo a nuestra mente que deseche cualquier idea que se le ocurra, porque debemos ser congruentes con nuestra creencia en ese instante.

Volviendo al caso de la señora, cuando le mostré los patrones de lenguaje que ella estaba utilizando de manera automática, comenzó a pensar si en efecto los demás eran desagradecidos con ella, o si por el contrario, había sido un bloqueo que ella misma había impuesto.

¿DÓNDE SE ENCUENTRA LA FELICIDAD?

Culturalmente nos han vendido la idea de que nuestra felicidad es producto de factores externos. Esa idea está basada en una verdad pequeña que se transformó en una mentira grande (gracias al proceso de generalización que sucede en nuestra mente).

La verdad pequeña es que si nos encontramos con frío, mojados, en medio de la nada, de noche, con hambre y alguien aparece y nos tiende una mano y nos da abrigo, comida y nos permite secar nuestra ropa, automáticamente cambiamos nuestro estado de desolación y tristeza por uno de confort y felicidad.

Entonces, si esas pequeñas cosas hicieron que nuestro ánimo cambiara radicalmente y nos pusiéramos felices, teniendo el doble, ¿seríamos doblemente felices?, y si tuviéramos diez veces eso, ¿seríamos diez veces más felices?, y con cien veces eso, ¿seríamos cien veces más felices?... Esa es la mentira; una de las bases fundamentales de nuestra sociedad de consumo.

Constantemente nos están bombardeando con información, comerciales, anuncios y demás, cuyo principal objetivo es reforzarnos la idea que las emociones que experimentamos son el resultado de factores externos, aprovechando una característica fundamental de nuestro proceso de toma de decisiones.

Cuando le pregunto a las personas cómo se imaginan su vida ideal, la gran mayoría de veces me responden desde una perspectiva materialista: quisieran tener una casa de ciertas características, el carro de sus sueños, viajar por el mundo, los últimos aparatos y dispositivos tecnológicos, un trabajo con un cargo importante, etc..

Al indagar un poco más sobre el por qué desean esas cosas, en la respuesta siempre hay una emoción o un sentimiento asociados (la casa grande les transmite seguridad, el carro deportivo les genera sensaciones de aventura, viajar por el mundo los hace sentirse libres, los aparatos los ayudan a sentirse importantes y conectados con los demás, el cargo importante los hace sentirse valorados y respetados, etc.).

Quiero que te detengas a pensar un momento en los últimos comerciales de televisión que hayas visto. ¿Qué tienen en común con lo que te acabo de decir? La gran mayoría trata de evocar una emoción determinada y buscan anclar en nuestro cerebro dicha emoción al uso de su producto o servicio.

Nuestro proceso de toma de decisiones es emocional. Nosotros no compramos las cosas por las cosas, sino por las emociones que en teoría nos van a ayudar a experimentar. Es por eso que cada vez que sale un nuevo producto o un nuevo aparato, la gran mayoría corre a comprarlo. Si analizamos detenidamente no es porque lo necesiten, sino porque creen que esas emociones que quieren experimentar sólo las van a poder tener gracias a ese nuevo producto.

El gran problema de este paradigma en el que vivimos es que desde muy pequeños nos van inculcando la idea que la felicidad y las emociones son debido a situaciones o cosas externas; nos están reforzando el ser "efecto" en vez de ser "causa". Todo eso trae como resultado personas insatisfechas con sus vidas, con problemas de autoestima y autoaceptación, y que al final no podrán ser verdaderamente felices, dado que siempre les faltará algo (así todavía no haya sido inventado).

El otro gran paradigma que tenemos sobre la felicidad es que viene después del éxito. Tal vez te suena familiar la siguiente frase:

"Debemos trabajar/estudiar/esforzarnos para ser exitosos y, cuando seamos exitosos, seremos verdaderamente felices".

Aparentemente no hay nada malo en esa frase. Sugiere que el esfuerzo y la dedicación son claves para ser exitosos y que cuando alcancemos ese estado seremos realmente felices (debido a la sensación de satisfacción de alcanzar nuestras metas).

Sin embargo, hay un pequeño detalle relacionado con la manera en la que funciona nuestra mente, que nos impedirá ser felices si seguimos ese modelo de vida.

Cada vez que alcanzamos una meta, nuestra mente automáticamente coloca una nueva meta. Cuando estamos en el colegio, nos esforzamos y trabajamos duro para graduarnos; tan pronto recibimos el diploma sentimos que hemos alcanzado nuestra meta (éxito), entonces según el modelo a partir de ahí deberíamos ser felices... Pero, ¿qué pasa? Normalmente esa felicidad nos dura muy poco, porque una vez acabado el colegio empezamos a preguntarnos sobre nuestro futuro y sobre qué carrera o trabajo vamos a desarrollar (aparece una nueva meta). Decidimos entonces entrar a la universidad e iniciamos un nuevo camino. Nuevamente nos esforzamos y trabajamos duro para finalizar la carrera. Volvemos a recibir el diploma y sentimos la satisfacción de alcanzar una nueva meta (éxito). Pero, casi automáticamente, nuestra mente pone un nuevo objetivo, el cual hace que esa felicidad sea nuevamente efímera. Sin darnos cuenta, nos pasamos la vida luchando y trabajando duro (muchas veces sin disfrutar del camino), con la esperanza de ser felices al final, luego de ser exitosos. El gran problema de este modelo radica en que, dada nuestra necesidad de crecimiento (¿recuerdas el capítulo de las necesidades humanas?), cada vez que alcancemos una meta nuestro cerebro va a colocar una nueva; el éxito "absoluto" no lo vamos a conseguir, porque nuestra experiencia de vida en este mundo está basada en un proceso de aprendizaje continuo. Y si no vamos a tener el éxito absoluto, dado que estamos poniendo la felicidad después del éxito, tampoco vamos a ser felices.

Desde muy pequeño hubo algo que me generó curiosidad y que no entendía; si para la naturaleza todos los días son iguales, ¿por qué las semanas tenían un número de días impar?... Lo lógico para mí era que fueran pares, para que los días de estudio/trabajo y descanso fueran equitativos. Entonces desde niño decidí que cuando fuera adulto buscaría la manera de "voltear" mi semana; mi objetivo sería tener más días en los que pudiera hacer lo que quisiera y menos días para hacer lo que me "tocara" hacer.

Durante muchos años no pude cumplir con ese objetivo; trabajaba largas jornadas en cosas que no me gustaban, duraba hasta altas horas de la noche haciendo cosas que no me llenaban y sentía cómo la vida se me iba yendo lentamente sin disfrutarla.

Todo eso comenzó a cambiar cuando me "desperté". Empecé a buscar cuál era mi propósito y me puse en la tarea de averiguar cuál era la razón de mi existencia, para qué estaba acá.

Luego de un proceso de mucho análisis y reflexión, logré conectarme realmente con mi esencia; hallé mi propósito, mis talentos naturales y mis valores innatos y le di un nuevo sentido a mi vida.

El propósito no es una actividad específica: es una decisión de vida. Una vez encontré cuál era la razón por la cual estaba en este mundo, decidí buscar cumplirla a través de las diferentes actividades que realizara en mi día a día. Ahí descubrí algo sorprendente: cada vez que estoy cumpliendo con mi propósito, tengo una gran sensación de plenitud y felicidad; la felicidad no es algo externo, ni tampoco algo que venga después del éxito. La felicidad es una decisión de vida. Cada uno de nosotros puede ser feliz, sin importar las cosas que sucedan. La felicidad consiste en disfrutar cada uno de los pasos que vamos dando en nuestro camino de la vida. La felicidad, como todas las emociones, nace en nosotros; por lo tanto, está en nuestras manos decidir si queremos o no ser felices. La clave definitiva radica en volver la decisión de ser felices una decisión consciente.

RAZÓN 5:
HAZ TUS SUEÑOS REALIDAD

" Pregúntate si lo que estás haciendo hoy te acerca al lugar en el que quieres estar mañana"

- Walt Disney

A lo largo de mi vida ha habido una idea que me ha llegado en diferentes instantes; sin embargo, fue hasta hace muy poco cuando realmente la entendí a fondo. La idea es que si queremos retomar el control de nuestro destino, si queremos lograr las cosas que nos proponemos y si queremos avanzar, la única manera de hacerlo es siendo completamente responsables de nuestras vidas.

¿Y qué significa ser responsables? Hay muchas personas que confunden "responsabilidad" con "culpa". ¿Recuerdas cuando hablamos de "causa y efecto"? Cuando buscamos culpables entramos en modo "víctima", dejando los resultados de nuestra vida en manos de los demás.

La responsabilidad radica en realmente interiorizar los cuatro pilares de la vida; todo lo que percibimos es una proyección de nuestras mentes, nosotros somos la causa de nuestras vidas y al mismo tiempo somos los creadores de nuestro camino; nosotros definimos nuestros ciclos y ritmos y somos quienes tomamos cada una de las decisiones de nuestras vidas.

Una de las preguntas que más disfruto hacer cuando estoy hablando con jóvenes que se encuentran en los últimos años del colegio es:

- "¿Cuántos de ustedes hacen SIEMPRE lo que quieren? Levanten la mano"

En ese instante se miran unos a otros y ninguno levanta la mano.

- "¿Qué pensarían si les dijera que ustedes SIEMPRE hacen lo que quieren?"

Y comienza el debate...

Algunos me argumentan que eso que les acabo de decir es falso, porque ellos hacen lo que les dicen sus padres o sus profesores. Otros van un poco más allá y dicen que uno nunca hace lo que quiere, sino lo que le toca; hay unos que me dicen que incluso sus papás tampoco hacen lo que quieren, a pesar de ya ser adultos, porque deben cumplir con obligaciones, muchas veces en contra de sus propios deseos.

¿Qué opinas tú? Es tu turno de responder esa pregunta: ¿Haces SIEMPRE lo que quieres?

Independientemente de cuál haya sido tu respuesta, la verdad es que siempre hacemos lo que queremos. Nosotros, en cada segundo de nuestras vidas, estamos tomando decisiones (consciente o subconscientemente). Ahí radica nuestro libre albedrío. Cada decisión que tomamos, cada acción que emprendemos, cada palabra que decimos, desencadena una serie de eventos y, todos esos eventos, son causados por nosotros mismos. Nuestro nivel de satisfacción con la vida será directamente proporcional al nivel de aceptación de esta realidad: Nosotros siempre hacemos lo que queremos.

Ojo, no quiere decir que esto sea una invitación a la anarquía y a la adoración del Ego. Esta verdad (siempre hacemos lo que queremos), lo que significa es que NOSOTROS SOMOS LOS ÚNICOS RESPONSABLES DE NUESTRAS VIDAS. Si hacemos o dejamos de hacer algo, no es porque nos dijeron o porque se supone que así era: es porque así lo quisimos nosotros. Cada acción tiene una consecuencia y entender que siempre hacemos lo que queremos es el primer paso para poder hacer nuestros sueños realidad y vivir así la vida que siempre quisimos.

Las cosas que suceden en tu vida no son producto de la suerte o del destino, ni son generadas por tu pasado o por tu contexto socio económico. Todo lo que sucede en tu vida es producto de tus decisiones (conscientes y subconscientes) y, cada evento, sea positivo o negativo, lo estás causando con una razón. Esa razón (que sólo tú conoces) es parte de tu proceso de aprendizaje continuo en este mundo. Asume tu vida. Acéptala. Agradece por cada segundo que pasa y por cada experiencia que has vivido, que vives y que vivirás. Construye tu destino a partir de tus decisiones y dale un sentido de trascendencia a tus pensamientos y acciones. Sólo así podrás ser realmente responsable de tu vida.

Una vez entendido e interiorizado el concepto de "responsabilidad", quiero contarte cómo, según mi experiencia, puedes hacer que tus sueños y anhelos se conviertan en realidad.

La metodología que desarrollé para ayudar a las personas a alcanzar sus sueños (y que puedes aplicar a partir de hoy) consta de cuatro pasos fundamentales: definir con claridad el sueño o deseo, identificar los obstáculos que te están impidiendo alcanzar eso que deseas, desarrollar un plan de acción y, finalmente, hacer todo lo que esté a tu alcance para llevarlo a cabo.

Define tu sueño

Creo que no hay pregunta más difícil para alguien que "¿Qué quieres hacer?". La dificultad de esa pregunta radica en que nos enfrenta a uno de nuestros mayores temores, pero a la vez, a una de las grandes verdades de nuestra vida: nosotros somos los responsables de nuestra vida y la forjamos a partir de las decisiones que tomamos.

¿Por qué es importante esta pregunta? Debido a nuestra tendencia cultural al enfoque negativo (¡afortunadamente ya aprendiste cómo cambiar tu enfoque en capítulos anteriores!), nos queda mucho más fácil saber qué es lo que no queremos, en vez de saber qué es lo que sí queremos.

Quiero que te tomes un momento y recuerdes cómo era tu vida cuando eras niño o niña. Quiero que, en la medida de tus posibilidades, te transportes a esa época de tu vida. ¿Recuerdas la manera cómo percibías el mundo? ¿Recuerdas la facilidad con la que soñabas, imaginabas y cómo te sorprendías con las cosas nuevas que descubrías día a día? En esa época, cuando te preguntaban "¿Qué quieres hacer/ser cuando seas grande?", respondías con una enorme facilidad. En mi caso, esa respuesta fue cambiando un poco durante mi infancia (soñaba con ser astrónomo, paleontólogo, arqueólogo, músico, antropólogo); sin embargo, a pesar de lo diferente de mis respuestas, todas tenían algo en común: mi elección estaba basada en las emociones que me generaban.

En nuestra sociedad nos han inculcado que nuestras emociones son producidas por factores externos y que el sentido de la vida está en acumular riquezas y escalar la pirámide socio económica. Es por esto que los sueños de la gran mayoría de adultos están relacionados en buena medida con los bienes materiales y el dinero y en menor grado con un crecimiento espiritual.

Tómate un momento y en una hoja en blanco escribe en la parte de arriba el sueño que deseas hacer realidad. Piensa en eso que deseas lograr o alcanzar con todo tu corazón y plásmalo ahí. Ahora quiero que le des un "sentido de trascendencia" a ese sueño (cuando hablo de "sentido de trascendencia" me refiero a conectar lo que soñamos con nuestra esencia, con nuestro verdadero ser) respondiendo las siguientes preguntas:

- ¿Por qué es importante para mí hacer este sueño realidad?

- ¿Por qué es importante para los demás que yo haga este sueño realidad?

- ¿Qué sería lo mejor de hacer este sueño realidad?

- ¿Qué emociones experimentaría si hago este sueño realidad?

- ¿Qué emociones experimentarían los demás si hago este sueño realidad?

- ¿Cómo cambiaría mi vida si hiciera este sueño realidad?

- ¿Cómo cambiaría la vida de los demás si hiciera este sueño realidad?

Lee nuevamente tu sueño y las respuestas que escribiste. Quiero que conectes e interiorices lo que acabas de escribir. Siente las diferentes emociones que te generan. Imagina que ya cumpliste tu sueño y déjate llevar por las sensaciones que experimentas.

IDENTIFICA TUS OBSTÁCULOS

Si hiciste la primera parte del ejercicio correctamente, en este momento debes tener una sensación muy positiva en todo tu cuerpo. ¡Es genial sentir que los sueños se hacen realidad!, ¿cierto?

Ahora concéntrate en tu vida actual. Quiero que identifiques todas aquellas cosas que te impiden alcanzar eso que deseas o que te hacen falta para poder hacer tu sueño realidad. En este punto vamos a identificar los obstáculos que se están interponiendo en el camino hacia tu sueño.

Cuando hablamos de obstáculos es importante diferenciar dos tipos: externos e internos.

Los obstáculos externos son todos aquellos más allá de las fronteras de nuestro propio ser. Dentro de los obstáculos externos se encuentran los económicos, sociales, geográficos, culturales, religiosos, naturales, etc..

Los obstáculos internos son lo que se encuentran dentro de nosotros mismos y hacen referencia directa a nuestras creencias limitantes y a nuestras habilidades y aptitudes. Nuestros miedos, temores, bloqueos, inseguridades, entre otros, hacen parte de nuestros posibles obstáculos internos.

Quiero que escribas en la hoja cuáles crees que son esos obstáculos externos e internos que te impiden en este momento hacer ese sueño realidad. Escribe todos los que vengan a tu mente. Esta parte del ejercicio es particularmente más sencilla que las otras, debido a nuestra experiencia en tener un enfoque negativo.

Ahora quiero que te conectes con esos obstáculos y veas el daño que te están haciendo, contestando las siguientes preguntas:

- ¿Qué es lo peor de tener esos obstáculos?

- Aparte de impedirme alcanzar mi sueño, ¿qué otras áreas de mi vida están siendo afectadas por ellos?

Es posible que luego de responder esas dos preguntas te sientas un poco triste; es normal. Cada uno de esos obstáculos que identificaste (y tal vez alguno que te quedó sin mencionar) está disminuyendo lentamente tu autoestima y tu capacidad de ser feliz. El tener esos obstáculos hace que tu percepción del mundo sea en cierta medida negativa.

¿Qué pasaría si esos obstáculos que identificaste no estuvieran? ¿Qué tan diferente sería tu vida? ¿Cómo te sentirías?

DESARROLLA UN PLAN DE ACCIÓN

Esta etapa la llamo *"Los 12 pasos infalibles para hacer definitivamente mis sueños realidad"*.

Quiero que proyectes tu vida a un año a partir de hoy e imagines que en ese momento ya has realizado tu sueño. Visualiza cómo es tu vida si tu sueño ya es una realidad. Siente las emociones que te generan el saber que lograste superar cada uno de los obstáculos que te impedían llegar hasta acá y que contra todo pronóstico, estás viviendo la vida que soñaste. Busca hacer esa visualización lo más real que puedas. Piensa en las cosas que haces, en el lugar del planeta en el que te encuentras, en tu situación socioeconómica, en tu salud. Toma la hoja y escribe en detalle cómo es ese escenario y cómo te hace sentir. Ese es tu mes 12 (paso 12).

Ahora quiero que te devuelvas un mes. Ya no estás en el instante en el que hiciste tu sueño realidad, sino un mes antes. ¿Cómo es ese escenario? ¿Qué obstáculos estás superando? ¿Qué cosas estás haciendo, viviendo, experimentando? Y lo más importante, ¿qué necesitas hacer para pasar del mes 11 al 12?

Siguiendo con esa dinámica, quiero que te devuelvas mes a mes y respondas esas preguntas. Describe con la mayor exactitud posible cómo son los diferentes escenarios, qué obstáculos estás superando, qué cosas haces y experimentas y qué necesitas hacer para pasar de ese estado al siguiente.

El ejercicio finaliza cuando llegas al mes 1, que es en el que te encuentras en este momento. Si hiciste el ejercicio conscientemente habrás identificado qué cosas debes hacer en el mes 1 para pasar al mes 2.

Ahora quiero que renombres los meses. Vamos a quitar la presión del tiempo. Ya no quiero que pienses en cada etapa como un mes, sino como un paso, y cada paso puede tardar el tiempo que consideres necesario. La razón por la cual te dije que te proyectaras a un año y no a más tiempo es porque los seres humanos tenemos la tendencia a sobreestimar las cosas que podemos hacer en un período corto de tiempo y a subestimar las que podemos alcanzar en un período más largo.

Esto que acabas de escribir es tu plan de acción de 12 pasos. ¡Ahora lo que sigue es ejecutarlo!

LLEVA A CABO TU PLAN

Llegó la hora de actuar. La única manera que existe en el mundo para hacer los sueños realidad es haciendo lo posible por volverlos realidad.

No importa que tan preparado estés, hay algo que sí te puedo asegurar: mientras estés transitando el camino hacia tus sueños es probable que surjan nuevos obstáculos. La clave radica en cómo los enfrentes; en vez de victimizarte y pensar "¿por qué tengo que seguir fracasando?", recuerda que en la vida no hay fracasos, sólo hay resultados. Si no obtienes los resultados que esperas en alguna de las etapas, busca aprender de esa experiencia y así podrás tomar mejores decisiones en el futuro.

La mejor decisión que puedes tomar para realmente ser feliz a lo largo de tu vida es el decidir usar lo que la vida te presente en cada instante (en vez de vivir aferrado a supuestos e ideales). Si deseas hacer tus sueños realidad, no habrá nada ni nadie que pueda impedirlo si:

1. Decides con claridad qué es lo que quieres y qué estás completamente comprometido a alcanzar.

2. Estás dispuesto a hacer todo lo que esté en tus manos para convertirlo en realidad.

3. Te fijas qué está funcionando y qué no está funcionando de acuerdo a tu plan inicial.

4. Haces ajustes a tu plan hasta que logres conseguir lo que deseas, utilizando lo que la vida te ponga en el camino.

A lo largo de mi vida ha habido frases que me han quedado grabadas en la mente, debido al gran impacto que me han causado. Quiero compartir contigo en este momento una que me marcó desde la primera vez que la leí y que decidí convertir en una de mis creencias principales:

"Nunca te conceden un deseo sin concederte también la facultad de convertirlo en realidad"

- Richard Bach

No importa cuál es tu sueño; si lo conectas con tu esencia, si le das sentido de trascendencia, si superas los obstáculos que te impiden llegar a él y ajustas tu plan de acción a medida que lo vayas ejecutando, siempre lo alcanzarás. Tú también puedes vivir la vida que siempre soñaste.

ÚLTIMO TIP:

Antes de finalizar el libro quiero dejarte un último mensaje, que creo te será de gran utilidad para llevar a cabo todo lo que te propongas y para ser feliz mientras lo consigues. Tiene que ver con el lenguaje y, más específicamente, con dos palabras que quiero que erradiques de tu vocabulario (ya te voy a explicar por qué). El poder que tienen estas palabras es muy grande y, de acuerdo con mi experiencia, son dos de los principales obstáculos invisibles que nos impiden alcanzar nuestras metas y sueños. ¿Estás listo?

Las palabras que quiero que borres de tu léxico son: "preocupar" e "intentar" (con todas sus variaciones).

Cuando decimos "preocupar" estamos haciendo referencia a un estado anterior a la acción; si analizamos detenidamente, cuando nos "preocupamos" no estamos realmente haciendo nada para solucionar eso que nos preocupa. Estamos "pre"- "ocupándonos", en vez de ocuparnos en resolver o en actuar. Tu vida será radicalmente diferente si, cada vez que algo te preocupa, buscas hacer todo lo que esté a tu alcance para solucionarlo.

La otra palabra es "intentar". Nosotros utilizamos "intentar" cuando nos referimos a algo que debíamos hacer, pero que finalmente no hicimos:

- "Intenté llegar temprano, pero…"

- "Intenté hacer el informe…"

- "Llevo toda la vida intentando bajar de peso / dejar de fumar…"

"Intentar" es muy diferente a hacer. De hecho, cuando has "intentado" hacer algo y lo consigues, simplemente te refieres a eso como algo hecho.

Tanto "preocupar" como "intentar" son dos palabras que utilizamos constantemente y que evocan estados anteriores a la acción y los resultados. La razón por la que las utilizamos es que nos hacen sentir "bien", a pesar de no actuar ni avanzar. Sentimos que "preocupándonos" al menos estamos conscientes del problema, o que "intentándolo" por lo menos tratamos de hacer algo, pero en ninguno de los dos casos estamos tomando el control real de nuestras vidas. La única manera que existe para avanzar en nuestras vidas es actuando.

Ahora, cada vez que pienses en "intentar" quiero que reemplaces esa palabra por "buscar". ¿Y por qué "buscar"? Porque con ella podemos hacer uso de un dicho (y de paso una creencia) muy popular en nuestra sociedad, y es "El que busca, encuentra".

En vez de "intentar" bajar de peso, "busca" bajar de peso; en vez de "intentar" llegar temprano o cumplir con tus obligaciones, "busca" hacerlo. Cada vez que "busques", encontrarás.

Entonces, en conclusión, no te pases la vida "preocupado intentando hacer las cosas"... Ocúpate en buscar soluciones, y verás que lograrás todo lo que te propongas y alcanzarás la vida que deseas.

Recuerda: los límites de tu vida los pones tú y son tus palabras, tus decisiones y tus acciones las que forjarán tu destino.

EPÍLOGO

Así hemos llegado al final de este libro. Lo primero que quiero es hacerte un reconocimiento por haber llegado hasta acá. Muchas gracias por acompañarme en este camino hacia la revolución de la felicidad.

Cada una de las historias que leíste y los ejercicios que realizaste fueron incluidos para ayudarte en tu proceso de aprendizaje.

A partir de este momento puedes decir con certeza que tienes el control de tu vida (o por lo menos estás en camino de retomarlo). Todos los cambios en tu vida suceden en el instante en el que decides que así quieres que sea; sin embargo, es posible que te lleve un tiempo acostumbrarte a ese nuevo sistema de creencias y a tus nuevos hábitos. No desfallezcas. De ti depende el alcanzar esa vida que tanto anhelas y que tanto deseas. La vida te puede presentar obstáculos, retos y dificultades; pero recuerda que ya cuentas con las herramientas necesarias para sacar el máximo provecho de esas situaciones.

Si quieres compartir conmigo tu historia de cambio y contarme cómo te ayudó este libro en tu proceso, siéntete libre de hacerlo. Me puedes escribir directamente a diego@conectatecoaching.com; para mí será un honor saber de tu progreso.

Si deseas contar con mi acompañamiento en tu proceso de transformación, puedes contactarme a través de mi página web, www.conectatecoaching.com. Ahí también encontrarás diferentes programas, cursos y opciones, para que adquieras nuevas habilidades y avances en tu proceso de aprendizaje.

Nuevamente, felicitaciones por todo lo que has conseguido y por tu nueva forma de ver la vida. ¡Te deseo muchos éxitos en esta nueva etapa!

Un abrazo,

Diego Alejandro Martínez Puerto

Tabla de Contenidos